JN214713

MUSEUM INFORMATICS SERIES 5

博物館情報学シリーズ……5

ミュージアム・コミュニケーションと教育活動

湯浅万紀子 ［編著］

樹 村 房

「博物館情報学シリーズ」の刊行にあたって

今日の博物館はもはや建物としての博物館ではなく，今や地球市民に情報を提供するシステムへと変身した。情報社会の到来によって，これまでの娯楽，教育，教養が変化し，多かれ少なかれ日常生活はインターネットの恩恵を受けている。きわめてアナログ的世界であった博物館・美術館がデジタル世界との関係を発展させ，ネットワークで結ばれている状況も普通の姿になった。その意味で，ネットワークは地球市民と博物館・美術館をつなぐ大きな架け橋である。

20世紀の工業社会はコマンド，コントロール，チェックの3Cによって制御されていたといわれるが，21世紀の情報社会はコラボレーション（協働），コミュニケーション（相方向），コンプリヘンション（共通理解）の3Cによって構成される社会である。博物館，図書館，文書館のもつ文化資源の共通性とピエール・ノラのいう「記憶の場」すなわちコメモラシオン（記憶・記録遺産）も博物館情報学のキーワードであろう。暗喩的にいえば，博物館情報学はカルチャー，コメモラシオンの本質的な2Cの基盤の上に，上記の3Cが組み合わさって成立する学問体系といえるかもしれない。

現在，博物館界は情報に対してどのような取り組みをしているのか，今日までの到達点や研究成果を一度俯瞰してみようと「博物館情報学シリーズ」を企画した。以下，簡単に本シリーズの構成について述べておきたい。

第1巻は博物館情報学の基礎としての「情報資源と目録・カタログ」を中心にまとめた。第2巻は「コレクション・ドキュメンテー

ションとデジタル文化財」を取り上げた。これまでの博物館学の中で，正面から取り上げられてこなかった目録やコレクション・ドキュメンテーションを主題として真正面から取り上げたのは本シリーズの特徴であろう。第3巻は情報発信を重視しながら博物館のSNSを中心に「ソーシャル・ネットワーキング」について考察した。技術革新の最も速い分野であるため，本巻は内容のアップデートも必要であろう。第4巻と第5巻は博物館と来館者をつなぐコミュニケーションも情報によって成立する活動であるため，博物館機能としての「展示」活動と「教育」活動を取り上げた。第6巻と第7巻は，人工的に創りだす映像空間「プラネタリウム」と生態系施設「動物園・水族館」について焦点を絞った。これらの施設が如何にデジタルと関係が深いかが理解されるであろう。そして最後の第8巻は，博物館・図書館・文書館の連携の実践として「ミュージアム・ライブラリとミュージアム・アーカイブズ」を中心テーマとした。本シリーズの中でも目玉の巻のひとつである。

　記述にあたっては，各巻とも専門的な内容に踏み込みながらも新書レベルの平易さで解説することを心がけたつもりであるが，中には耳慣れない専門用語が登場することもあるかもしれない。本シリーズがひとつの知的刺激剤となり，批判・言説・修正・再考を繰り返しながら，博物館情報学がさらなる進化を遂げていくことを切に願うものである。

　2016年12月

企画編集委員を代表して
筑波大学教授　水嶋英治

まえがき

　本書では，さまざまな情報が行き交う博物館の諸活動のなかで，展示を含めた教育活動における「人」の要素に注目する。博物館というフィールドで研究と実践を展開する執筆者が，「人」をキーワードに，それぞれの問題関心から論じている。

　1章では，博物館という言葉がもつ限定的なイメージを超えたミュージアムという言葉を用いて，まずミュージアムの教育活動の意義と特徴を整理し，次に教育活動の成果を探る研究の視点について解説する。そして，社会におけるミュージアムの存在意義を明らかにするために執筆者が展開してきたミュージアム体験の長期記憶の調査と，北海道大学総合博物館におけるユニークな学生教育の事例を通して，教育活動の参加者だけでなくその活動を担った人々にも注目し，教育活動の成果とコミュニケーションの広がりを描く。

　2章では，カナダのブリティッシュ・コロンビア大学が展開する2つの教育プログラムの事例を通して，博物館がミュージアム・エデュケータや教員を養成するためにいかに教育的な体験の場を提供しているかを解説する。教育プログラムを受講した学生達への調査から教育プログラムの成果を明らかにし，教育実践の場，コミュニケーションの場として博物館のもつ価値と可能性に迫る。

　3章では，すべての人に開かれた博物館づくりを目指すユニバーサルミュージアムという考え方について，その社会的背景，バリアフリーとの相違点，ユニバーサルデザインとユニバーサルミュージアムの関係について説明する。国内外の関連事例を多数紹介しながら，博物館と利用者それぞれの観点から，利用者とともにつくるユ

ニバーサルミュージアムの実現に向けた取り組みの留意点を解説する。

　4章では，博物館における映像に注目し，北海道大学総合博物館における映像を中心とした企画展示を事例として，映像から広がる博物館での人々のコミュニケーションの様相を描く。そして，映像を学術映像標本と位置づけて，それを核として広がる博物館の諸活動のあり方を探求する博物館映像学という新たな研究の視点を紹介する。

　5章では，国立民族学博物館と九州大学総合研究博物館，明石市立天文科学館を事例として，教育活動における博物館と人との関わりにまつわる話題を，研究者であり実務者でもある執筆者が紹介する。

　挑戦的な研究を展開している執筆者による論考は独立しており，どこから読み進めていただいても構わない。一方で，執筆者それぞれの問題関心を映し出した各論考から，共通した視点が浮かび上がる。すなわち，博物館の来館者やスタッフ，展示を含めた博物館の教育活動に関与する人々の「体験」と，それが意味するものへの注目である。「ミュージアム・コミュニケーションと教育活動」という書名から読者が想起するであろうものは幅広く，本書の論考ではそれらすべてをカバーできてはいないであろう。しかし，博物館の教育活動に関与する人々の「体験」とその意味に注目した本書から，読者の興味関心が広がり，このテーマに関する研究が深まることを願っている。

編著者　湯浅万紀子

ミュージアム・コミュニケーションと教育活動
も く じ

「博物館情報学シリーズ」の刊行にあたって——————1
まえがき————————————————3

1章　ミュージアム・コミュニケーション
　　——関与者にとっての意味———————（湯浅）—11

1.1　ミュージアムの教育活動の位置づけ ……………………… 11
　　1.1.1　生涯学習の支援——学校教育と異なる特徴　12
　　1.1.2　ミュージアムが社会に存在意義を示すために不可欠な
　　　　　活動　14
　　1.1.3　科学技術リテラシーを習得し，科学技術コミュニケー
　　　　　ションを実現する場　18

1.2　ミュージアムの教育活動の成果 …………………………… 22
　　1.2.1　ミュージアム体験を捉える手法　24
　　1.2.2　教育活動の参加者にとっての意味　28

1.3　ミュージアム・コミュニケーションの成果 ………………… 36
　　1.3.1　北海道大学総合博物館「ミュージアムマイスター認定
　　　　　コース」の概要　36
　　1.3.2　コミュニケーションを重視する社会体験型科目　38
　　1.3.3　ミュージアム・コミュニケーションを担った学生に
　　　　　とっての意味　44

1.4　むすび　48

2章　教育実践を指導し変革する方法を学ぶ場としての
博物館の役割————————————(Anderson, 翻訳：湯浅)—53

序 ——————————————————————————————— 53

2.1　博物館の教育的な役割 ————————————————— 54

2.2　ミュージアム・エデュケータとK-12教員 ———————— 56

2.3　ケース・スタディ1：博物館教育学修士プログラム
　　におけるミュージアム・エデュケータの養成 ————— 58

　2.3.1　ミュージアム・エデュケータ養成の教育的実践に
　　　　関する文献のレビュー　61

　2.3.2　UBCのMMEdプログラムと博物館現場体験の性質　62

　2.3.3　研究のアプローチ　65

　2.3.4　MMEdプログラムの大学院生にとっての博物館現場
　　　　体験のインパクト　66

2.4　ケース・スタディ2：K-12教員養成をサポートする
　　場としての博物館 ——————————————————— 72

　2.4.1　教員養成プログラムにおける博物館実習に関する
　　　　文献のレビュー　73

　2.4.2　UBCのBEdプログラムにおける博物館実習　75

　2.4.3　博物館実習の性質　78

　2.4.4　研究のアプローチ　79

　2.4.5　K-12教員養成プログラム受講者にとっての博物館
　　　　実習の成果と恩恵　80

2.5　結論————————————————————————————— 85

Chapter2: The role of the museums as sites for learning how
to teach and change educational practices
———————————————————(Anderson, 2章原文)—93

3章　ユニバーサルミュージアムとユニバーサルデザイン─(平井)─125

　3.1　ユニバーサルミュージアムとは ……………………………… 125

　　3.1.1　ユニバーサルミュージアムのはじまり　*125*

　　3.1.2　ユニバーサルミュージアムの社会的背景　*126*

　　3.1.3　ユニバーサルミュージアムと館のポリシー　*127*

　　3.1.4　ユニバーサルミュージアムと知覚鑑賞　*129*

　　3.1.5　ユニバーサルミュージアム
　　　　　── 南山大学人類学博物館と福岡市博物館　*130*

　　3.1.6　ユニバーサルデザインとは　*134*

　　3.1.7　ユニバーサルデザインとユニバーサルミュージアムの
　　　　　関係性　*136*

　3.2　ユニバーサルミュージアムマトリクスの構成 …………… 139

　　3.2.1　「できないこと」の解決　*142*

　　3.2.2　「できること」の具現化
　　　　　── いつもとは違う鑑賞を体験する　*151*

　　3.2.3　みんなが「できること」の具現化 ── お互いの鑑賞に
　　　　　配慮し，みんなの鑑賞の選択肢を広げる　*153*

　3.3　海外のユニバーサルミュージアムの意味と多様な
　　　取り組み …………………………………………………………… 161

　3.4　自律的なユニバーサルミュージアム活動に向けて ……… 166

　　3.4.1　博物館の4つの柱への市民参加　*166*

　　3.4.2　ユニバーサルミュージアム実現に向けて　*167*

**4章　博物館映像学からみるミュージアム・コミュニケーションの
広がり**─────────────────(藤田)─174

　4.1　映像を中心とした展示から生まれるコミュニケーション
　　　…………………………………………………………………………… 174

　　4.1.1　映像を中心とした企画展示　*180*

　　4.1.2　巡回展示　*187*

4.1.3 展示を終えて　*189*

4.2 博物館映像学 ── 学術映像標本から広がる新たな
研究の視点 ···*190*

4.2.1 博物館映像学の枠組み　*196*

4.2.2 学術映像標本を中心とした6つのアクティビティ　*197*

4.2.3 むすびに　*205*

5章　事例研究 ──────────────────────────────*208*

事例1　民族文化を伝える手法と課題
　　　　── 国立民族学博物館における取り組み ······(野林)······*209*

A. はじめに　*209*

B. 博物館における情報伝達の手段とその限界　*210*

C. 個々の情報の連結 ── イメージファインダー　*214*

D. 情報の知的展開 ── 研究者と利用者の相互作用　*215*

E. むすび　*217*

事例2　有形のなかの無形を伝える博物館体験
　　　　── 九州大学総合研究博物館における事例
　　　　··(三島)······*220*

A. はじめに　*220*

B. 有形の中の無形の力
　　　── 場が生み出す正のスパイラル　*221*

C. 博物館体験としての伝承
　　　── 古い煉瓦を使ったピザ窯プロジェクト　*224*

D. おわりに　*227*

事例3　人が参加し，人が活躍する科学館
　　　　―― 明石市立天文科学館の取り組み ……(井上)…… 229

　A. はじめに　229
　B. 人が伝えるプラネタリウム　230
　C. 対象を絞った事業展開　232
　D. 星の友の会　234
　E. 天文ボランティア　237
　F. おわりに　239

あとがき ―――――――――――――――241
参考図書案内 ――――――――――――――243
さくいん ――――――――――――――――249

1 章

ミュージアム・コミュニケーション
—— 関与者にとっての意味

1.1　ミュージアムの教育活動の位置づけ

　自然史系博物館や理工系博物館，天文科学館，産業技術史博物館などの科学博物館，美術館，歴史博物館，民族学博物館，郷土資料館，企業博物館，大学博物館，そして水族館や動物園，植物園など，社会には多種の博物館が存在する。さらに，広く地域全体を博物館と捉えてコア施設から周辺の地域や施設を巡って地域住民が地域の自然や文化を伝えるエコミュージアム，博物館という建物の枠を超えてフィールドに誘うことを目指したフィールド型ミュージアム，ネットワーク化した社会のさまざまな空間にパッケージ化したコレクションを中長期に遊動させていく分散型学芸事業システムとしてのモバイルミュージアム[1]など，現代社会には従来の「博物館」という概念の枠を広げた多様な「ミュージアム」が存在する。

　多様なミュージアムが存在するとはいえ，ミュージアムと聞いて多くの人が最初にイメージするのは，作品や標本，史料など事物が並ぶ展示室の光景ではなかろうか。そのイメージには，展示を見ている自分自身や同伴者，ミュージアムのスタッフ，展示室に居合わせた他の観覧者など，「人」も映っているかもしれない。参加体験型のハンズ・オンの展示物が多い理工系博物館では，来館者は同伴

者やスタッフと共に展示物を操作したり，実験演示に参加して歓声をあげている。作品や史料と静かに向き合うイメージの強い美術館や歴史博物館においても，学芸員の展示解説やギャラリートークが行われたり，関連するワークショップやセミナー，講座が開催される。また，友の会やボランティア活動に参加して，展示観覧者とは異なる立場でミュージアムの活動に関わる人々もいる。ミュージアムでは，展示に限らず，展示解説，実験演示，講座，ワークショップ，友の会やボランティア活動など，さまざまな人が関与する教育活動が行われている。

1.1.1 生涯学習の支援 ── 学校教育と異なる特徴

　日本においてミュージアムの教育活動は，一般的に，生涯学習の支援の観点から取り組まれている。博物館は，社会教育法第1章第3条及び第9条と博物館法第1章第2条及び第3条において，人々の自発的な学習を支援する社会教育機関として位置づけられている。文部省では博物館等に関する施策を「生涯教育」と位置づけて展開してきた。

　その後，「生涯学習の振興のための施策の推進体制等の整備に関する法律」（平成2年法律第71号）によって1990年に生涯学習審議会が設置され，同審議会が最初に1992年7月29日に提出した答申「今後の社会の動向に対応した生涯学習の振興方策について」において，「生涯学習社会」という言葉が用いられた。そこでは，生涯学習社会とは人々が「生涯のいつでも自由に学習機会を選択して学ぶことができ，その成果を評価するような」[2]社会であると定義された。以後，「生涯教育」ではなく「生涯学習」という言葉を用いて，生涯学習社会の実現を目指すための施策が実施され，博物館はその

ような社会を実現するための有効な機関として位置づけられてきた。

　第二次大戦後の 1947 年に制定された教育基本法（昭和 22 年法律第 25 号）が，2006 年 12 月に 59 年ぶりに全面改正されたが（平成 18 年 12 月 22 日法律第 120 号），博物館は，生涯学習を支援する社会教育の振興を担う一機関としての役割をさらに明確に位置づけられた[3]。

　ミュージアムの教育活動の特徴は，学校教育との比較において際立つ。学校教育では，同年齢の生徒・児童を対象に，教員が教室という場でカリキュラムに沿ってクラス単位で主として一斉授業を行う。そして，教員が試験などを通して生徒・児童に成績をつけて評価する。一方，ミュージアムにおける教育活動では，年齢も関心も専門知識も異なる多様な来館者を対象とし，彼らの知的好奇心を満足させ，自発的な学習を促すことを目指して，前述したようなさまざまな形態の取り組みが展開される。この教育活動を担うのは，学芸員や教育担当の専門職員，そして展示解説ボランティアなどである。彼らが，教育活動の成果を検証するために，教育活動の参加者の満足度を調査したり，提供した情報を参加者が適切に獲得できたか，参加者の当該テーマへの関心が深まったかを調査することはあるが，参加者に成績をつけて評価することはない。一方，参加者は学校見学の課題の一環として教育活動に参加することはあっても，個人で来館した場合などは自由意志で教育活動に参加する。そして，学芸員や専門職員らを当該分野の専門知識を有するスタッフであると認識しても，学校の教員とは異なる人として捉える。

　近年はテレビ番組などを通して，ミュージアムのバックヤードが紹介されたり，学芸員という専門職員の姿が伝えられる機会が増

え，ミュージアムと聞いて多くの人がイメージする展示とは，ミュージアムの専門職員がミュージアムのコレクションを調査・研究した成果として制作されることを理解している人も増えたであろう。教育活動を含めたミュージアムの諸活動を専門職員が担っていることも知られるようになった。

　日本では，学芸員とはミュージアムの所蔵するコレクションに関連した分野の研究者であることが多く，その数もミュージアムの活動を支えるには十分ではなく，教育活動を含めてミュージアムの資料の収集・保存，研究，展示といった業務全般を担うことが多い状況にある。一方で，学校教員が数カ月から数年の間，ミュージアムに派遣されて教育活動を担当し，派遣中も学校に戻ってからもミュージアムと学校をつなぐ役割を果たすことがある。ボランティアが展示解説を担当したりハンズ・オン展示の操作を支援するなど，学芸員という枠を超えた人材もまた教育活動を担ってきた。近年では，徐々にではあるが，ミュージアム・エデュケータと欧米では称される，ミュージアムの教育活動を企画し実施して検証する教育を受けた専門の職員が配置されるケースが見られるようになった。そして，科学系ミュージアムでは科学技術コミュニケータやインタープリタとして採用されたスタッフが，展示解説に限らずさまざまな教育活動を担うことも増えてきた。

1.1.2　ミュージアムが社会に存在意義を示すために不可欠な活動

　以前よりミュージアム・エデュケータという専門職員が存在して多様な教育活動を展開してきた欧米のミュージアムにおける教育活動の位置づけについて，まず概説しよう。欧米では，ミュージアム

における教育は最重要な機能として位置づけられている。その背景には，1970年代，80年代以降，厳しい経済政策のもとで公的資金の補助に対して社会的存在意義を問い直されたり，生涯学習へのニーズの高まりがあったほか，多文化・多民族社会における少数民族や障がい者など社会的弱者への配慮のもとでの公共サービスの見直しがなされたことがある。ミュージアムには，蓄積された膨大なコレクションを維持し発展させるだけでなく，多様な関心や背景をもったあらゆる人々のニーズに均等に応えていく公共サービスを充実させることが求められた。

　アメリカでは，アメリカ博物館協会（American Association of Museums：AAM）が1960年代後半以降，ミュージアムの生き残りと成長のために何が必要であるか，21世紀に向けてミュージアムは何を目指すべきかを調査し検討を続けた結果，同協会に所属するミュージアムが21世紀に向けて目指すべき活動指針として，1991年に報告書『卓抜と均等：教育と博物館がもつ公共性の様相（*Excellence and Equity: Education and the Public Dimension of Museums*)』[4] を公表した。そこでは，ミュージアムを公共サービスと教育のための施設として位置づけ，その教育的役割は公衆に対するサービスの中核をなすものとし，それはすべてのミュージアムの使命の中で明言されねばならず，教育をすべてのミュージアムの活動の中心に置かなければならないと位置づけた。

　イギリスでは1980年代半ばにサッチャー政権が，厳しい財政状況の中，行政部門の効率化と活性化を図るために，民間企業の経営理念や手法を導入するニュー・パブリック・マネジメント理論に基づいた改革を実施した。1988年に教育改革法が成立し，同法を受けて1990年に導入された国家教育課程基準で，ミュージアムにお

ける教育は，各学校が幅広く調和のとれた教育課程を提供する義務を遂行するための一つの重要な鍵となるとして，学校とミュージアムが強く連携することが求められた。その後，イギリス文化遺産省（Department for National Heritage）がビクトリア・アルバート美術館（Victoria & Albert Museums）の教育部長である D. アンダーソン（Anderson, D.）らに委嘱して多くのミュージアムが教育に関心を払っていない実態を調査し，1997 年に報告書『共通の富：博物館と学習（A Common Wealth: Museums and Learning in the United Kingdom）』[5] を発表した。そこでは，ミュージアムは市民の学習ニーズに応える学習資源と位置づけられ，将来は教育をミュージアムの存在の基盤として，教育があらゆる活動の本質となることを求めた。そのために，ミュージアムでは教育が使命の中心であると明示すること，市民の多様な学習ニーズに対応できる教育資源を用意すること，エデュケータを配置し，全スタッフやボランティア等の教育力を高めること，ミュージアムで教育を実施するにはミュージアムにおける学習についての研究と評価が必要であるという提言を行った。

　日本でもミュージアムにおける教育活動は，ミュージアムが社会に存在意義を示すために不可欠であると位置づけられるようになってきた。生涯学習の進展を図り，日本の博物館の振興を図る組織として，財団法人日本博物館協会がある。同協会は，1928 年に博物館事業促進会として発足し，博物館の諸問題について議論する講演会やセミナー，運営の諸問題を議論したり情報交換を行う協議会や館長会議を開催したり，普及啓発事業として『博物館研究』を発行している。また，博物館活動の推進および管理運営の改善に資するための調査研究事業を実施している。

　同協会は 1998 年度から 2000 年度にかけて文部省から委託を受けて，「博物館の運営改善のための調査研究：今後の博物館の望ましい在り方」を実施した。その結果として 2000 年にまとめられた報告書『「対話と連携」の博物館：理解への対話・行動への連携』[6] では，「博物館内部の「対話と連携」は，個々の博物館の総合的な力（博物館力）を高め，博物館同士の「対話と連携」は，博物館全体としての「博物館力」を飛躍的に増大する。博物館外部（家庭・学校・地域・関係諸機関）との「対話と連携」は，博物館力の増強にとどまらず家庭，学校，地域の「教育力」を強力にパワーアップする」[7] とし，「21 世紀にふさわしい「望ましい博物館」とは，「対話と連携」を運営の基礎に据え，市民とともに新しい価値を創造する生涯学習社会における新時代の博物館である」[8] というビジョンをまとめた。「ここで重要なことは，生涯学習社会の新しい教育システムの中では，従来の学校中心の教育活動とは比較にならないほどの重要な役割分担を持ち，それを果たすことこそ博物館の社会的存在理由なのだという，すべてのスタッフの共通認識である」[9] と，博物館教育の重要性が指摘された。

　その後，費用対効果を重視する行政評価の実施や，国立博物館の独立行政法人化，地方公共団体への指定管理者制度の導入といった博物館をとりまく社会状況の変化のなか，博物館協会は 2001 年度と 2002 年度に文部科学省から委託を受けて「博物館運営の活性化・効率化に資する評価の在り方に関する調査研究」を実施した。2003 年にまとめられた報告書『博物館の望ましい姿：市民とともに創る新時代博物館』[10] には，全国で約 5,000 館以上ある博物館が，生涯学習の中核施設として社会に広く認知され，社会全体の経済が停滞する中でも存在意義を社会にアピールするためには，3 つの基

本を目指し，九つの取り組みを実施して，館種や規模，設置者の違いを超えて「市民の視点に立ち，市民と共に創る博物館」[11] となる必要があると述べられた。目指すべき 3 つの基本とは，①社会的な使命を明確にし，人々に開かれた運営を行う博物館，②社会から託された資料を探求し，次世代に伝える博物館，③知的な刺激や楽しみを人々と分かちあい，新しい価値を創造する博物館として提案された。

いずれの報告書でも，21 世紀の日本のミュージアムでは，人々とともに新しい価値を創造して生涯学習社会を実現していくために，教育活動は不可欠な大前提であり，充実した教育活動こそがミュージアムが社会に生き残っていくための必須な活動であると位置づけられている。関心のある読者は，これらの報告書を参照していただきたい。

1. 1. 3　科学技術リテラシーを習得し，科学技術コミュニケーションを実現する場

日本の科学系ミュージアムに特化した動向についても概説しておこう。資源の乏しい日本の未来を切り拓くには，独自の優れた科学技術の振興を国家戦略として進め，「科学技術創造立国」を目指すことを目的として，1995 年に科学技術基本法が成立した。これに基づいて体系的で一貫した科学技術振興施策を長期的に推進するため，翌 1996 年度から 5 年ごとに科学技術基本計画が策定されている。

現在は 2016 年度に策定された第五期科学技術基本計画のもとに施策が実施されている。科学技術基本計画の第一期から第五期に至るまで，科学系ミュージアムの役割が示されている。例えば，第一

期科学技術基本計画では「青少年の科学的な見方・考え方を育み，自然科学への理解の深化を図るとともに，科学技術が社会・経済の発展に果たした重要な役割に関する理解の増進を図る」[12] ことを目的として，博物館・科学館の整備・充実と魅力あるプログラムの開発が謳われた。学芸員などの専門的職員の資質の向上や，博物館・科学館等のネットワークの強化，情報化の促進も提案された。

　2001 年度から 2005 年度に実施された第二期科学技術基本計画では，政策展開の基本理念の一つに「科学技術と社会の新しい関係の構築」が挙げられた。「科学技術は社会に受容されてこそ意義を持つものであり，社会が科学技術をどのように捉え，判断し，受容していくかが重要な鍵となる。自然科学や技術の関係者はもとより，人文・社会科学の関係者にも，この点に関する十分な認識と努力が求められる」[13] とし，「「社会のための，社会の中の科学技術」という観点の下，科学技術と社会との間の双方向のコミュニケーションのための条件を整えることが不可欠である」[14] と強調された。

　科学系ミュージアムについては，「幼児期から高齢者までの社会教育においても，高等教育機関や博物館・科学館等を活用して，科学技術の基本原理や新たな動向等について興味深く学習できる機会の拡充とその内容・指導の充実を促す」[15] と記され，博物館・科学館の整備が唱えられた。さらに，社会とのチャンネルの構築が挙げられ，「研究機関の公開や博物館・科学館等の機能の発揮を図るとともに，メディア等を通じて科学技術を分かりやすく伝える機会を拡充する。さらに，地域において，科学技術に関する事柄を分かりやすく解説するとともに，地域住民の科学技術に関する意見を科学技術に携わる者に伝達する役割を担う人材の養成・確保を促進する」[16] と記され，科学技術の関連事項を人々に伝え，人々の意見を

専門家に伝える人材の養成・確保の促進が謳われた。

科学技術基本計画は文部科学省のホームページに掲載されている。関心がある読者は，科学系ミュージアムへの期待，科学技術コミュニケータ養成，研究者自身による科学技術コミュニケーション活動の推進などについて第三期の計画と第四期の計画，第五期の計画も併せて参照していただきたい[17]。

人々が科学技術に親しみ，関心をもち，科学技術に関する諸問題について理解を深めて自身の判断を下せる科学技術リテラシーを身につけるには，科学系ミュージアムという施設を整備するだけでは不十分である。環境問題や資源エネルギー問題，医療問題などは，専門家と非専門家が互いの見解や意見，展望や不安などを伝え合い，議論することが欠かせない。情報や意見が一方向に伝達される場ではなく，情報や意見が双方向に交換されて，そこにいる人々で共に課題に取り組む道筋を見つけていく場の実現が目指される。

そこでは，専門家の言葉をわかりやすく伝えるインタープリタの役割を超えて，双方の意見交換を促進し，コミュニケーションを活性化するコミュニケータが必要となる。議論する場を設定できない場合にも，非専門家の考えや感情を専門家にフィードバックする人，そしてさらに専門家からの反応を返す人，繰り返される双方向のコミュニケーションを活性化するコミュニケータの役割が重要である。第二期及び第三期の基本計画に明確に示されているように，社会のさまざまな場で科学技術コミュニケーション活動を担う「人」の育成が求められている。

施策で明示される以前から，科学系ミュージアムには展示解説員や実験演示のスタッフ，科学技術に関連する情報を人々に伝えるスタッフが活動していた。彼らが，「科学技術コミュニケータ」とし

て改めて位置づけられ，活動の幅を広げていくことが目指されたといえる。

　一方，科学技術政策のもとで開館したミュージアムがある。21世紀の幕開けと共に開館した日本科学未来館（東京都江東区。以下，未来館）である[18]。未来館はそれまでの科学系ミュージアムと違いがあるのか。同館のコンセプトブックには「日本科学未来館は，21世紀の新しい知を分かち合うために，すべての人にひらかれたサイエンスミュージアムです。活動の中心にあるのは先端の科学技術。これは私たちの現在を変革し，次の時代を切りひらく大きな可能性をもつ「新しい知」です。未来館では，さまざまな分野に波及するこの先端科学技術の営みを人間の知的活動という視点から捉え，私たちを豊かにする文化の一つとして社会全体で共有することを目指しています」[19] と設立理念が綴られている。

　開館当初には，館長の名を掲げた毛利衛コンセプトとして，次の10の方針があった。①見てもらうのは物より人です，②発見してもらうのは出会いです，③分かち合いたいのは，心からの共鳴です，④その為に市民と一緒に運動体を作ります，⑤開かれた研究の拠点となり，研究者を支援します，⑥ボランティアの力を集結させ，人と一緒に成長します，⑦狭義の科学技術というカテゴリーに留まりません。音楽も美術も演劇もスポーツも私たちの運動体を形成します，⑧その為に柔軟で開かれた「場」を作ります，⑨コミュニケーションとネットワークづくりも私たちの仕事です，⑩来てもらう場がありますが，出かけていく場も求めます，である。「見てもらうのは物より人です」を第一に挙げていることからも明らかなように，同館の活動は「人」を通して伝えられていくと位置づけられている。

同館のその後の活動は，この「人」が特徴をなしている。研究者の氏名だけでなく研究に取り組む姿を伝える展示パネル，研究者自身がコミュニケータとして活動したり，科学技術スペシャリストとインタープリタが展示室やさまざまな教育活動の場で人々を迎える。さらに，同館では科学技術コミュニケータを養成するプログラムも展開している。北海道大学や筑波大学，東京大学，早稲田大学など大学がコミュニケータ養成に着手していくなか，ミュージアムではほかに国立科学博物館などでも同様に科学技術コミュニケータ養成プログラムを展開してきた。

　学校教育の段階を終えた人々が，科学技術に関連する情報を得たり学習するメディアや場として，新聞や雑誌の解説，テレビの報道番組の解説や特集番組，近年では情報提供者と受け手が双方向の対話を展開できるサイエンス・カフェやSNSなどが挙げられる。これらと科学系ミュージアムの違いは，自明であるが，科学系ミュージアムは常設機関である点である。そして，そこには，訪れた人が，コミュニケータと，そして時には研究者とも直接対話できる機会が用意されているのである。人々をいかにミュージアムに呼び込むか，そして来館しない人々にいかにアウトリーチするかは，科学系ミュージアムが今後も絶えず取り組んでいくべき課題である。

1.2　ミュージアムの教育活動の成果

　1.1では，社会におけるミュージアムの教育活動の特徴，活動への期待と役割，社会における位置づけを概説した。では，実際に，ミュージアムの教育活動の場ではいったい何が起こっており，どのような成果があげられているのだろうか。

　K. マックリーン（MacLean, K.）は展示プランナーに対して次のように，ミュージアムが教育目的以外にも多様な体験を創出できることを指摘している。

　　展示の教育的，娯楽的，社会的側面を認めると同時に，利用者が博物館に対して抱く神聖さや驚きなども大切にすべきである。子どもの頃に行った博物館の記憶をたどると，ビンに入った奇妙な物や，並外れて大きい彫像や恐竜，そして数分ごとに孵化する鶏の卵などを思い出す人が多い。このような本物であるが普通ではない，びっくりするような物たちには，人を驚かせ不思議に思わせ，惹きつけ，そして刺激する力がある。しかし博物館関係者は，展示の教育的，市場的価値を証明しようとやっきになる中で（これらは資金調達に直結する価値でもある），このことを見過ごしがちである[20]。

　確かに，来館者がミュージアムの教育活動に参加して体験することは，何かを学んだという認知面での学習に限らない。美術作品から受けた感銘，初めて目にした貴重な資料から受けた驚き，工作教室で苦労して作品を仕上げた達成感などもあろう。また，教育活動には，それに参加する「人」だけでなはなく，それを企画し運営するスタッフが関与している。来館者が体験することのなかには，丁寧に応対してくれた案内スタッフとの心和むひとときがあったり，専門的な情報をわかりやすく解説するミュージアムスタッフに憧れを覚える場面もあるかもしれない。しかし，好印象ばかりが残るとも限らず，展覧会会場が混雑していて十分に作品を鑑賞できなかったり，スタッフの対応を不適切に感じたり，実験教室で思いどおり

に実験が進まずに失望することもあろう。その様相は多岐に及び，同じ場にいても人それぞれに異なるものである。

J. H. フォーク（Falk, J. H.）と L. D. ディアキング（Dierking, L. D.）は，1992 年発行の著作 *The Museum Experience*（邦題『博物館体験：学芸員のための視点』）[21] で，来館者がミュージアムを訪れることで得る成果は，それまではミュージアムが扱う主題に関する知識や態度，認知を構築すること，あるいは構築し直すことであると考えられてきたが，ほかにも多くあると指摘する[22]。例えば，社会文化的な場であるミュージアムで学習していることで，他者や他の文化の独自性や類似性への認識を深めたり，他者との協力方法といった重要な生活のスキルを獲得したり，美的感覚を刺激される経験や，楽しかったという感覚などを得る。ほかにも重要な成果として，来館者自身が，個人的な学習ニーズを満足させるために地域のリソースの利用方法を理解して，実際に活用できる能力も含まれると指摘する。そして，教育活動への参加を含むミュージアム訪問の成果を認知面での学習に限定せずに広く捉え，「ミュージアム体験」という視点を提供する。フォークらは，ミュージアム体験を，ミュージアムで過ごす時間に限定せず，人々の心にミュージアムに行こうという考えが浮かんだ瞬間から，実際に訪れて，数日後，あるいは数カ月後，数年後に思い出す時までのトータルな体験と定義した。そして，ミュージアム体験を捉えるには，幅広い文脈で長期的な視点をもつ重要性を主張している。

1. 2. 1　ミュージアム体験を捉える手法

フォークは，ミュージアムの学習を含めた体験に関する研究を映画制作にたとえ，舞台デザイナーが監督になった場合に強調する視

点や，脚本家が監督になった場合に強調する別の視点などを例示した上で，クオリティの高い映画は，映画を見る人々の視点に立って，これらすべての要素を合わせて継ぎ目ない全体に仕上げ，部分が補完し合うものであると指摘する。すなわち，ミュージアムの学習に関して研究者たちが注目する動機づけや既有知識といった要素はすべて必要なものであるが，さらに求められるのは，これら個別の研究を総合的に眺める視点であるとしている[23]。

　これらの要素を調査する手法についても，映画制作のたとえを用いて説明する。

　　　いかなる学習の場を調査するにも，カメラをパンして時間や場所を戻し，この特定の状況をその人の人生というより大きな絵の中でいかにフィットするかを見なければならない。映画制作者はさまざまな手法を採用している。フラッシュバック，後から振り返って意味づけするナレーション，未来を見せる早回し。現時点では一見重要でなかった出来事が将来いかに意味をもつかを見せることができる。現在の意味を理解するには，過去と未来の両方についての何かを知る必要がある[24]。

　さらに，来館者の体験の全体を捉えるには，広角レンズと望遠レンズを併用する必要があると説く。

　　　出来事の豊かさだけでなくストーリー全体を捉えようとするなら，計画を相当練る必要があり，カメラは場面の全ての要素を写すことはできないため，違った時間，いろいろなアングルやヴューを撮ることでより豊かで有用な情報を捉えることがで

きる。"広角"レンズで調査すると，より長い期間をかけて体験を眺めることができ，広いコンテクストを扱って考察できるが，細部が捉えられない。一方"望遠"レンズでは，場面の細部を捉えることはできるが，広いコンテクストを捉えられない。よい映画の場合と同様に，よい学習の研究ではクローズアップとパノラマを適宜ミックスすべきである。長期的な諸相（フラッシュバックと早回し）を捉えると同時に，個人が関与するプロセスを説明するのに十分な細部を捉えるべきであり，そうすることで，学習体験をより大きなコンテクストに置いて学習がなぜ生じたか，何を生み出したかを理解できる[25]。

E. フーパー–グリーンヒル（Hooper-Greenhill, E.）らは1990年代の来館者研究の推移を振り返り，来館者の社会的生活におけるミュージアムの役割と，来館動機が文化にいかに関連するか，来館者の既有知識がミュージアムでの学習にいかに影響するかについて研究されるようになったと述べる。しかし，学校見学や家族に関する調査が多く，また，ミュージアムの訪問の長期的な影響に関する研究や，学習を一つの体験の異なるステージと見て訪問前と訪問中，訪問後を探索しようとする調査，つまり，学習を連続するプロセスと見る調査が少ないことを指摘する。ミュージアム体験のより広い社会的な成果を長期的に研究する必要性を説き，「発見できると期待するものを確かめるというより，オープン・エンドの探索を試みたり，構成主義のアプローチを採用した研究がもっと必要である。ミュージアムが来館者の人生に与える長期的な影響に焦点を当てた長期的な研究も必要である」[26] とし，「一体そこで何が起きているのかという単純な質問に答えるオープン・エンドの調査が絶対的

に欠けている」[27] ことを指摘する。そして，その研究においては，来館者が構築する意味の深いレベルへと関心がシフトしており，「研究は初期の来館者研究で利用された実験室モデルではなく，自然主義的な設定でよりオープン・エンドのリサーチ・アジェンダを利用する，より社会学や民族学に近いモードへと移行する必要がある。（中略）最も洗練された博物館研究では，信頼できるデータを得るのに両方のアプローチの強み弱みを採用することになるであろう」[28] と述べている。

　G. ハイン（Hein, G.）は，ミュージアムにおける学習を明らかにするためのいくつかの新しい評価戦略が1999年の時点で生まれてきたが，それらはいずれも従来の実験室モデルとは異なる認識論のベースをもったアプローチを採用しており，基礎理論と理論的根拠としてフィールド・ベースの科学，すなわち民族学や人類学，社会学に注目していると指摘する。特徴的であるのは，これら新しい評価手法は，文書化と観察，詳細な面接調査，ケース・スタディの結果と実践の「分厚い」記述[29] に重きを置いている点である。手法としては定量的というより定性的である傾向があり，主にナラティブ・レポートを作成する傾向があるとしている[30]。ハインは実験心理学に基づいた評価法との違いは，レスポンスをオープンに求める点，データ収集方法もかなりオープンであり，質問紙調査は自由記述とし，行動観察も予想外の行動も記録できるようなフォーマットを採用し，できるだけ広い視野で取り組む点，データ収集に複数の手法を使用し，データソースも複数とすることを挙げている[31]。ハインは他分野との共同研究の必要性を指摘した上で，「来館者がミュージアムで何をどのように学習しているかをより深く理解するためのキーは，一つの完璧な調査手法を実現しようとするのではな

く，個々の調査手法の限界を認識した上で，複数の手法を使って来館者の学習についての洞察と情報を得る努力をすることだ」[32]と述べる。

　来館者を追跡調査して，ミュージアム体験の諸相と意味を捉えることは重要である。一方で，研究の視点を過去に向け，来館者の記憶を調査することも長期的な視点での研究となりうる。ハインは，他の教育分野と異なり，大半の来館者にとってミュージアムとの関わりが自発的で短いことが研究を困難なものにしていると述べる。しかし，過去の体験について面接調査を実施する場合が多い来館者の「記憶」を探る調査が，長期的で累積したミュージアム体験の影響を理解する試みの一歩になるとしている[33]。

1.2.2　教育活動の参加者にとっての意味

　筆者は，主に科学系ミュージアムに注目し，2001年度より調査研究「記憶の中の科学館」に取り組んでいる。その目的は，科学系ミュージアムの教育活動に関与した人々のミュージアム体験の長期記憶を調査し，体験から受けた影響を包括的に明らかにして，教育活動の成果を評価すること，そして，この評価が科学系ミュージアムの社会における存在意義を示す重要な視点の一つを提供できるかを検討することである。これまで調査したミュージアム及び関連団体は，北海道大学総合博物館（北海道札幌市），東京大学総合研究博物館（東京都文京区），科学技術館（東京都千代田区），名古屋市科学館（愛知県名古屋市），昭和日常博物館（愛知県北名古屋市），明石市立天文科学館（兵庫県明石市），全国科学博物館協議会に所属する館の職員，奈良学園中学校・高等学校（奈良県大和郡山市）の「科学館を愛する生徒の会」などである。2009年度からは認知心理

学を研究する神戸学院大学の清水寛之との学際的共同研究を進めている。また，2013年度からはブリティッシュ・コロンビア大学のD. アンダーソン（Anderson, D　本書2章執筆者）と清水寛之と共に3名で，日本国内の歴史文化系のミュージアムへの調査研究も進めている。

　筆者と清水寛之が2012年度から2014年度に実施した学際的共同研究「地域社会での役割と関与者の長期記憶の観点に基づく博物館の新評価に関する研究」について紹介しよう。この調査研究は，名古屋市科学館と明石市立天文科学館にご協力いただき，実施した。両館とも50年以上の歴史をもち，地域に根差した活動を展開している。2012年度と2013年度に，両館の来館経験者だけでなく友の会会員，ボランティア，職員（過去と現在の在籍者）を対象に，記憶に残るミュージアム体験の諸相を問う質問紙調査を実施した。

　ミュージアム体験の記憶の内容に関して自由記述による回答を求める質問項目，および日本版の記憶特性質問紙（Memory Characteristics Questionnaire：MCQ）[34]の質問項目を含む質問紙を本研究用に設計し，用意した。質問紙は，大きく次の4つの部分から構成した。①調査依頼と個人情報保護の表明，②性別と生年，友の会会員やボランティアなどの場合は入会年，職員の場合は専門分野や現職の職種と在職期間や他勤務歴，そして学校の社会見学や遠足などを含めた当該館への来館回数，展示やプラネタリウムなど体験した内容，他の科学系ミュージアムへの来館回数，他のミュージアム（歴史系，民族系，民俗系）への来館回数，美術館への来館回数に関するフェイスシート，③最も印象に残っている当該館に関する出来事に関して，その内容と時期などを自由記述する部分，④最も印象に残っている当該館の出来事に関する記憶特性質問紙22項

目と職員には就職に直接的影響に関する追加 1 項目である。この質問紙によって，記憶に残るミュージアム体験の諸相を質的にも量的にも分析し，理解することが可能になった。質問紙調査は基本的に無記名で行ったが，後に実施する面接調査への参加協力も可能な場合には，氏名と連絡先を記入する欄を設けた。

　続いて，質問紙調査のなかから 10 年以上前の記憶を綴った協力者を中心に，個別の面接調査を実施し，より詳しくミュージアム体験の長期記憶を聞き取った。面接調査では，書面による調査協力者の了解を得た上で，調査の様子を録音および／または録画した。

　以上の質問紙調査から得られたデータに対して量的分析を行ったほか，質問紙調査の自由記述欄および面接調査のデータについて質的分析を行った。

　さらに，各館の運営と位置づけについて，名古屋市教育委員会および明石市産業振興部などにヒアリングを行ったほか，各館の関連資料を調査した。また，両館の職員や，主として面接調査の協力者を対象として，両館で研究報告会を開催し，参加者と意見交換し，分析に反映させた。以上の各種調査の分析を包括的に行った。

　3 年間の研究において，質問紙調査と面接調査への協力者は，名古屋市科学館では 653 名，明石市立天文科学館では 236 名，合計 889 名である。その内訳は次のとおりである。名古屋市科学館の関与者を対象にした質問紙調査の協力者総数は 596 名，内，来館者 251 名，友の会会員 221 名，ALC（天文指導者クラブ）会員 30 名，ボランティア 62 名，職員 32 名である。名古屋市科学館の関与者を対象にした面接調査の協力者総数は 57 名，内，来館者 2 名，友の会会員 26 名，ALC 会員 9 名，ボランティア 11 名，職員 9 名である。一方の明石市立天文科学館の関与者を対象にした質問紙調査の

協力者総数は 216 名，内，来館者 144 名，友の会会員・ボランティア 35 名，シルバー天文大学（高齢者を対象とした天文学講座）参加者 31 名，職員 6 名である。明石市立天文科学館の関与者を対象にした面接調査の協力者総数は 20 名，内，来館者 3 名，友の会会員・ボランティア 7 名，シルバー天文大学参加者 5 名，現職職員 3 名，旧職員 2 名である。

　以下に，面接調査について紹介しよう。面接調査では，前述したように，書面による調査協力者の了解を得た上で，調査の様子を録音および／または録画した。質問紙調査で綴られた最も記憶に残っている当該館に関する出来事についてより具体的に述べていただくだけでなく，理科一般に関わる素養，各種ミュージアムに行く家庭環境であったか，当時，夢中になっていた遊びや社会状況，その後の当該館との関わり，当該館と今後どのように関わっていくかなどについても語っていただいた。このように，ミュージアムに関する要因以外にも目を向けて，幅広い視点で調査することに留意した。

　録音データは書き起こし，エピソードを点検し，語りの特徴を抽出した。さらに，これらのエピソードを，①記憶特性（記憶の鮮明さ・感情性・意図性・課題目標の到達度・リハーサル），②文脈特性（個人的文脈・社会文化的文脈・物理的文脈）という 2 つの観点に基づいて，複数の評定者が特徴づけを行った。調査協力者のバックグラウンドを明らかにした上で，過去の体験の意味づけ，現在の意見，未来への展望についての語りを分析した。複数の調査手法を用いて，社会背景や個人的背景を考慮して分析し，調査協力者の語りの真正性を高めた。

　名古屋市科学館の面接調査協力者は男女ほぼ同数であり，40 代と 50 代が約 7 割を占めた。語られたエピソードは，11〜20 年前と，

21〜30 年前，31〜40 年前，41〜50 年前がほぼ同数であったが，41〜50 年前が最多であった。

　最も記憶に残っている出来事やエピソード，場面は，プラネタリウム，展示，サイエンスクラブと天文クラブ，施設関連，科学館までの道のり，時代背景に大別できる。いずれも当時の感情を甦らせて語る協力者が多かった。プラネタリウムに関しては，初めて体験した時の様子が感覚的に語られたり，学芸員の生解説の内容や語り口調，投影装置の存在感，学芸員や家族，友人とのやりとりが語られた。展示については，体験型の展示への言及が目立った。サイエンスクラブと天文クラブについては，学芸員への憧れと畏敬の念が語られたほか，メンバー間での交流など，「人」との関わりの要素が多く語られ，そこから大きな影響を受けたことや，今も受けていることを語った協力者が多かった。施設については展示室やプラネタリウムだけでなく，地下食堂や建物の外観についても語られた。科学館までの道のりについては，小学生の頃に一人で，または子どもだけで来館する際に道に迷ったことなどが語られた。時代背景としては，1960 年代から 1970 年代にかけて人々が科学に夢や希望を抱いていた当時の様子が，放課後の遊びや流行したテレビ番組などと関連づけて語られた。

　名古屋市科学館の面接調査協力者のエピソードと語りの特徴として，自身の子どもと来館した思い出や子どもへの思いに関する言及，プラネタリウムで解説を行う学芸員や天文学の研究者への憧れの吐露，サイエンスクラブと天文クラブについては人との関わりへの言及が多くなされたことが挙げられる。中学・高校・大学時代の活動経験を語った職員が複数名いることも特徴といえよう。また，子どもの頃の来館から時を経て成人して来館した際に天文学と当該

館への関心が再び芽生えたことを語る協力者や，来館していなかったり来館回数が減っても，当該館への思いを抱いていた協力者の存在が明らかになった。また，2012年の新館のリニューアル前後についても多く語られた。

　当該館から受けた影響は多岐にわたり，天文学や科学が好きになったこと，進学や就職への影響，志向や性格への影響，自身の子どもへの影響が語られた。同時に，親や学校教員，購読していた雑誌や時代背景から受けた影響への言及も見られた。

　一方，明石市立天文科学館の面接調査協力者は男性が女性の3倍であり，40代と60代，70代が多かった。10年以上前の記憶を語る協力者は少なく，語られたエピソードは，0〜10年前までがほぼ半数であったが，次いで多かったのは41〜50年前であった。

　最も記憶に残っている出来事やエピソード，場面は，プラネタリウム，友の会などのイベントへの協力，施設関連，時代背景に大別できる。プラネタリウムについては，幼稚園や小学校の遠足や家族と訪れた際の思い出として，空間の暗さ，投影された星の美しさ，投影装置の存在感などが語られた。友の会についてはイベント内容だけでなく，手伝いをしたことで館との関わりが深まったり，星の話題を話せる仲間ができたことが語られた。また学芸員との交流についても語られた。施設については，科学館までの坂や館内の螺旋階段のほか，電車から見える科学館の時計についての言及が目立った。時代背景については，50年前の活気溢れる明石の町の様子や，アポロの月面着陸が話題になっていたことについて語られたり，来館時に自身が着ていた洋服に関する思い出を語る協力者もいた。

　明石市立市科学館の面接調査協力者のエピソードと語りの特徴として，当該館への親しい思いをもち続ける協力者が目立つことが挙

げられる。来館回数が減ったり来館しない間にも，忘れずにいたり，旅先で星空を見て館に行こうと思い出したり，電車から見える館に思いを馳せていることがポジティブな感情と共に語られた。また，子午線の町，明石市のシンボルあるいは宝として，館を位置づけた発言も目立った。そして，1995年の阪神淡路大震災で被災して復興するまでの館への思い，復興後の館への思いも多く語られた。

　当該館から受けた影響として，天文学や科学が好きになったこと，学芸員への信頼，天文学を愛好する仲間ができたこと，子どもの頃に好きだった天文学に科学館のおかげで成人してから再び携われるようになったことが語られた。

　以上のように，名古屋市科学館と明石市立天文科学館の教育活動に関与した人々は，認知面での学習に関する事柄以外にも多種多様な思い出をもっており，そこからそれぞれに影響を受けていることが判明した。そして，各館の活動にコンスタントに関与していない場合でも，各館に愛着をもち続けたり，時を経て再訪した際に科学に関する関心が再燃して，活動に関与するようになる人が少なからずいることが明らかになった。

　面接調査を通して語られた人々の語りは，教育プログラムの成果の「明らかな証拠」として考えてよいのか。これは，自伝的記憶の主観的現実性の問題として捉えられる。ここで，「記憶」の研究にまつわる課題について触れておこう。J.スティーヴンソン（Stevenson, J.）は，ミュージアムの役割は，歴史的に意義のあるものを収集して保存し，展示することであるが，人々の心の中にある記憶を生き続けさせることだともいえようと述べている。そして，「これまでの来館者研究によれば，来館者は1つの展示に1，2分しか費やさず，30分から45分で「博物館疲労」が始まる。これはパ

ラドックスともいえよう。これほど短い間のミュージアム体験がなぜ記憶に残るのであろうか。（中略）これほど短い間に膨大な認識プロセスが起きるとも思えない。多くの来館者の記憶は，認識プロセスを経た意味記憶というより，自分の生活と結びつけて語られるエピソード記憶となるであろう」[35] と述べている。

　エピソード記憶とは，E. タルヴィング（Tulving, E.）が提唱した記憶の二分法の一つであり，「特定の時と場所の情報を伴う，出来事（エピソード）に関する記憶」[36] である。もう一方の意味記憶は，「特定の時間的・空間的文脈からは独立の（中略）一般的な知識」[37] であると説明されている。エピソード記憶について，G. コーエン（Cohen, G）は，「個人的な経験や特定の事物，人物，出来事など，ある時間と場所において経験されたもので構成され」[38]，その情報源は個人的経験であり，「主観的現実性」と「自己」に焦点が当てられていることを特徴として挙げている。人々が自分の過去をふり返って語る自伝的記憶は，エピソード記憶の一種として考えられ，「「今の自分」を起点とする再構成過程を経て想起され語られる」[39] ものであり，「多くの研究者は自伝的記憶を定義する特徴として，それが「自己（self）」と関わることを指摘している」[40]。エピソード記憶の対概念である意味記憶では客観的現実性と世界に焦点が当てられるのとは対照的に，エピソード記憶では主観的現実性と自己に焦点が当てられるのである。

　筆者が取り組んでいる調査研究「記憶の中の科学館」では，調査時点で調査対象者が何をいかに意味づけたかとういう点を重視している。ただし，語られた記憶の内容が正しいものであるかを無視するものではなく，前述したように，それが客観的に正しいのかを，複数のアプローチを用いて確認し，社会背景や個人的背景を考慮し

て分析している。

1.3　ミュージアム・コミュニケーションの成果

　前節では，ミュージアム体験の学習効果に限らない幅広い成果を長期的な視点で調査した事例のなかから，ミュージアムの教育プログラムに「参加した人」を対象に実施した事例を紹介した。教育プログラムを，それを「提供する人」とそれに「参加する人」との「コミュニケーション」として捉えると，プログラムを「提供する人」にも何らかの意味，成果，あるいは影響があることは容易に予想されよう。

　本節では，ミュージアムの教育活動がもつコミュニケーションの特性について，大学生や大学院生への教育にそれを活かした取り組みを行っている北海道大学総合博物館の事例から紹介する。そして，博物館教育の一環として，大学博物館において教育プログラムを担った学生が，活動から受けた影響を明らかにし，教育プログラムの成果を検証する。本書2章では，D.アンダーソンが，同大学が展開している教育の一環として，地域のミュージアムで教育プログラムを担った大学生たちにとっての体験の成果を検証している。この論考も併せて読んでいただきたい。

1.3.1　北海道大学総合博物館「ミュージアムマイスター認定コース」の概要

　北海道大学総合博物館（以下，北大総合博物館）では，2008年度より，ミュージアムの資源を活用したユニークな学生教育「ミュージアムマイスター認定コース」を展開している。このコースは，文

部科学省が全国の大学・短期大学・高等専門学校が実施する教育改革の取り組みのなかから，優れた取り組みを選んで財政的な支援を行い，その取り組みについて社会に広く情報提供して教育改革を進めるために募集した「質の高い大学教育推進プログラム（教育GP：Good Practice）」として，2008年度に採択された北海道大学「博物館を舞台とした体験型全人教育の推進」プロジェクトを継承している。

　ミュージアムマイスター認定コースは，北海道大学が目指す全人教育の一環として，課題探求能力とコミュニケーション能力，マネジメント能力，自己評価能力を身につけた学生を育てることを目指した教育システムである。対象は北海道大学の学部生及び大学院生である。分類学や資料学，博物館学の研究者や学芸員の養成に特化したコースではない。

　博物館に関連した授業と授業枠外のプロジェクト科目を，「導入科目」「ステップアップ科目」「社会体験型科目」という3つの科目群に位置づけている。「導入科目」は，学芸員養成課程の科目を中心に，博物館に関する基礎知識を身につける授業から成る。「ステップアップ科目」は，フィールドワークなど調査研究の方法論を学ぶ授業，美術館や水族館などの現場を知る授業，パラタクソノミスト（準分類学者）養成講座から成る。「社会体験型科目」は，北大総合博物館と社会とのコミュニケーションについて実践的に学ぶ授業と，授業枠外のプロジェクトから成る。科目は拡充されており，2016年度は45件の授業と4件のプロジェクト，2回のパラタクソノミスト養成講座が開講された。

　授業枠外のプロジェクトもコースに位置づけているため，成績認定について「単位」ではなく「クレジット」という考え方を導入し

ている。授業枠内の科目は授業単位と同数のクレジットを，授業枠外のプロジェクトはタスクを考慮して博物館が独自に決定したクレジット数を割り当てている。

3つの科目群から各4クレジット以上を取得し，成績基準をクリアし，プレゼンテーションを含む最終面談に合格した学生を，ミュージアムマイスターに認定する。2016年3月末時点の登録者数は165名，これまでにミュージアムマイスター認定を受けた学生は30名（学部生17名（理学部6名，文学部5名，水産学部3名，教育学部・農学部・工学部各1名），大学院生13名（理学院6名，文学研究科・環境科学院各2名，農学院・生命科学院・公共政策大学院各1名））である。ミュージアムマイスターに認定された学生は，ノーベル化学賞受賞者で北海道大学名誉教授の鈴木章と小学生が交流する科学実験イベントでの司会進行や，大規模な企画展での関係者への取材やセミナーの司会進行，大学博物館に関連する学会での発表，博物館ニューズレターの記事の執筆，博物館が出版する書籍の編集メンバーへの就任など，さまざまな場面で活躍している。

1.3.2 コミュニケーションを重視する社会体験型科目

社会体験型科目には，特にユニークな取り組みが多い。例えば，学生が北大総合博物館の課題を見いだしてそれを解決するためのプロジェクトを企画・実施・評価する授業（「博物館コミュニケーション特論 学生発案型プロジェクトの企画・実施・評価」），ミュージアムグッズを企画開発して評価する授業（「博物館コミュニケーション特論 ミュージアムグッズの開発と評価」），博物館をテーマとした1分間の映像を制作する授業（「博物館コミュニケーション特論 博物館における映像表現」）がある。ほかにも，北大総合博物館で開催さ

れる企画展の展示解説，卒論ポスター発表会での発表と運営など，授業枠外のプロジェクトもある。そのなかから，いくつか紹介しよう。

　「博物館コミュニケーション特論　学生発案型プロジェクトの企画・実施・評価」では，夏休みに多く来館する小学生を対象にした取り組みが少ないことを課題と捉え，小学生を対象にした各種企画が実施されてきた。見落とされがちな常設展示に注目を促すクイズラリー（図1-1）や，構えることなく展示物に向き合うことを目指して，学生が録音した解説をゲーム機（ニンテンドー3DS）を使用して展示室でダウンロードして聞く企画（図1-2），博物館の特別な空間で展示物への理解を深め，日常の博物館にも関心を喚起させるために，暗闇の中で標本に光を当てて観察し，学び感じたことを発表するワークショップ（図1-3）などである。

図1-1　常設展示のクイズラリー

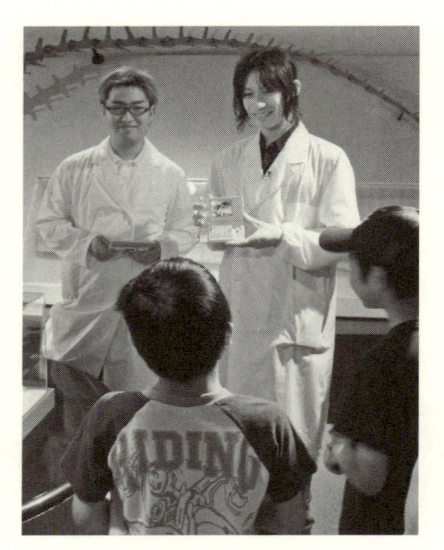

図1-2　学生の展示解説をゲーム機で
　　　　ダウンロードして聞く企画

図1-3　暗い展示室で標本に光を当てて観察する
　　　　ワークショップ

　「展示解説」に関連したプロジェクトでは，学生が希望する展示室について解説シナリオを作成し，当該分野の専門研究者の監修を受けて解説内容をまとめる。そして，解説風景を録画して解説内容・方法に関するビデオレッスンを受け，リハーサルを重ねて解説に臨む（図1-4）。

図1-4　展示解説の準備としてのビデオレッスン

　「卒論ポスター発表会」では，北海道大学のさまざまな学部の4年生が卒業研究を市民に説明するために1枚のポスターにまとめ，館内で2日間，来館者に説明して質疑応答する（図1-5）。この発表会の運営もミュージアムマイスターコースの一環として位置づけ，発表者の4年生とは別の学生たちが発表会のポスターやプログラムを制作し，当日の会を運営する（図1-6）。

図1-5　さまざまな年代の市民に卒業研究を説明し
質疑応答する卒論ポスター発表会

図1-6　学生が会場設営やプログラム制作など
運営を担う卒論ポスター発表会

　社会体験型科目はいずれも博物館来館者を意識した取り組みであり，来館者と実際に接する場面を多く設けていることは特徴の一つである。学生はまず大学博物館の社会での役割を考察し，来館者を知り，大学博物館と来館者を媒介する自分たちの役割を意識しながら活動を進めていく。展示解説や卒論ポスター発表会では，実際に来館者に展示内容や自身の研究内容を伝え，質疑応答することで，コミュニケーション能力を身につけていく。

　グループワークの要素を取り込んでいることも，社会体験型科目の特徴である。展示解説やポスター発表という個人的な活動に終始しかねない取り組みについても，展示解説ではリハーサル時に評価シートを用いて相互評価したり，ビデオレッスンを共に受ける。卒論ポスター発表会では，発表者を集めて中間報告会や質疑応答のリハーサル時間を設け，博物館教職員が指導し，さまざまな学部の発表者が互いにアドバイスする。そして発表会を運営する学生も参加して助言する。そこでは，来館者に説明するために自身の研究を見直し，他分野学生からの刺激を受けてポスターを改訂していくだけでなく，他分野の学生に対して適切な意見を述べてコミュニケーションしていく術を学び，他の学部・研究室の研究内容を知り視野を広げる機会となる。

　さらに，評価の視点を取り入れていることも社会体験型科目の特徴である。学生発案型企画プロジェクトでは，来館者調査に基づいた企画を博物館会議で提案し，質疑応答をした上で実施が認可され，実施後には博物館会議で企画の評価結果を含めた報告を行う。その評価とは，ワークショップを開催した場合にはその参加者への質問紙調査，参与観察，メディア報道の数や内容，参加者から後日届く質問紙調査以外の感想など波及効果について総合的に分析す

る。ミュージアムグッズ制作については，売上実績だけではなく，来店者に購入した理由・購入しなかった理由などを問う面接調査を行い，分析する。他の取り組みについても，活動を振り返る最終レポートが課される。

1.3.3　ミュージアム・コミュニケーションを担った 学生にとっての意味

　学生たちはミュージアムマイスター認定コースでの体験をどのように意味づけているのだろうか。多数開講されている科目やプロジェクトの中から，来館者とのコミュニケーションを実践した取り組みである卒論ポスター発表会の発表と運営の事例を見ていこう。

　卒論ポスター発表会は，北大のさまざまな学部の4年生の研究について学生本人から説明を受ける機会として，幅広い年代の市民から成る来館者から好評を得ている。また，市民に説明する取り組みを意義づける発表者の指導教員や，他学部の学生の研究を知りたいとする教職員，これから卒業研究に取り組む下級生などからも好評を得ている。専門用語が通じる研究室や学部，研究会，学会での発表とは異なり，博物館に来館するさまざまな年代のそれぞれの関心をもった方々に研究を伝えた学生たちが事後考察して綴った感想を紹介しよう。理学部や農学部，工学部の学生たちのなかにはポスター発表の経験をもつ学生もいるが，市民への発表は初めての体験となった。彼らの感想をまず紹介する。

　　　卒論ポスター発表会に参加することで自分が得た最も大きなことは，市民の方々に自分の研究テーマを伝えるということを前提に，改めて自分の研究テーマに向き合うことができたこと

だった。市民の方々向けに解釈することで，普段は研究として
向き合う内容をより噛み砕いていく過程で，自分の研究テーマ
の魅力や課題を再認識することができたことは，非常に大きな
成果だった。この経験は，総合博物館でのポスター発表でなけ
れば得られなかったと感じる。また，他学部の 4 年生と，市民
向けにポスターを制作する，という過程を共に経験できたこと
も，とても貴重な経験だった。発表者には理系から文系までさ
まざまな人がおり，12 人でお互いの意見を出し合ったり，自
分の研究の紹介をし合ったりする中で切磋琢磨し，より自分の
研究への意識を高めることができたと感じる。今後，12 人が
大学院へ進み，発表した研究テーマがどのように発展していっ
たのか，いつか報告し合えればと思う（農学部 4 年）。

　ポスター発表会参加にあたり，研究を行っている分野が市民
の方々にとって親しみが少ないことと，内容の難しさから参加
を希望すべきか悩んだ。しかし，ポスターを改訂していく中間
報告会での検討や本番での発表を通して得たものは大きく，参
加できたことを嬉しく感じている。普段は専門用語に頼り説明
を行っているが，今回はどのようにしたら専門用語の本質的な
意味を変えず簡単な表現にするのかに苦労し，ポスターを何度
も改訂し，説明の内容も工夫をした。このように分かりやすく
情報を伝える技術は市民の方々へ伝える場合に限らず，同じ分
野の多くの方に研究の目的やその重要性を理解してもらうため
に重要であり，さらに違う分野の方からの指摘を受けて改善点
や新しいアプローチの方法を見つけるためにも重要だと考え
る。そして，何より来館者や審査員の方々が自分の説明に熱心

に耳を傾けて，理解しようとして下さったことがこれから研究を続けていく自分への大きな励みになった。今回のポスター発表で得た知識や経験をさまざまな場面に活かしていきたいと思う（理学部4年）。

次に，ポスター発表の経験のない文系の学生たちの感想も紹介しよう。

来館者の方々，審査員の方々の率直なご感想，ご質問が何よりの気づきを与えてくださった。同じ専門領域に属する人間のあいだでは暗黙の了解となっているような事項を，言葉を移し替え説明しようとする取り組みは，半ば無意識的に使っていた学術用語や概念，方法論を改めて問い直す機会となった。来館者の方，審査員の方に，研究内容を伝えるための努力を通して，社会と自分の専門領域との関係を考えさせられた。そして，他のポスター発表者からは，互いの研究内容を聴きその発表の仕方を批評し合うことによって，自分の研究を広い学問世界の中で相対的に捉えることができた。他学部，他研究室に所属する同学年の学生とともに準備をすることを通して，研究に対する真摯な姿勢に大変刺激を受けたことも貴重な経験であった。
専門的な内容を簡略化する作業には，ともすれば事実を曲げてしまう危険性が常につきまとう。それを乗り越えるためには，自らの専門領域に対する深い理解と，専門外の方と共通の理解を得たいという心の両方が不可欠であることを学んだ。そしてそれこそが，これからますます身につけていかなければいけないことであるとの思いを強くした（文学部4年）。

　文学部で学ぶ私にとって，自らの研究を発表する機会が少なく，自分の研究を振り返るまたとない機会になった。卒論の内容をいかに表現すれば相手に伝わるかは難しい問題であった。しかし，もう一度原点に立ち，自分が卒論で言いたかったことは何であるかを確認した上で，市民の方からの質問や，同じくポスター発表する仲間，担当スタッフの方々の指摘や意見によって，自分の考えをさらに整理できたように思う。今後の研究活動に対して大きな刺激になった。このような大きな収穫を得られたのは，総合大学であること，さまざまな人が訪れる大学博物館での発表という環境に恵まれていたことも，大きな要因だったと考える（文学部4年）。

　以上のように，ポスター制作経験の有無や専門分野を問わず，発表した学生たちにとっては，ポスター制作を通して異分野の学生や大学博物館の教職員と議論して，卒業研究を見直して整理できたこと，大学博物館の来館者に対して専門用語を使わずに説明を行い質疑応答して研究に新たなヒントを得たこと，来館者とコミュニケーションしたこの取り組みから今後の研究への意欲がわいたことなどが語られた。

　筆者は，準備段階から2日間の実践の場まで通して学生たちの実践を見てきたが，彼らのポスターが内容とデザインの両面でより明快になり，発表会の2日間という短い時間のなかで彼らがより積極的に来館者に話しかけ，説明して質疑応答するスキルを向上させたことが見てとれた。

1.4 むすび

　本章では，ミュージアムの教育活動の特徴とその多様な展開，社会から要請されているその役割を紹介した。そして，社会から要請され，今後ミュージアムが社会に生き残っていくために重要でかつ不可欠な機能として位置づけられている教育活動では，いったいどのようなことが展開されているのかについて理解を深めるため，「ミュージアム体験」という視点からの研究を紹介した。この研究の重要な点は，教育活動に参加した人々がどのような知識を得たのか，何を学んだのかという認知面での学習効果に限定せずに，幅広い文脈で人々のミュージアム体験を捉え，かつ，活動参加直後だけではなくその後まで続く長期的な視点で成果を捉えることにある。そして，このような観点から筆者が取り組んでいる調査研究「記憶の中の科学館」と，北海道大学総合博物館の教育システム「ミュージアムマイスター認定コース」のなかから，ミュージアムの教育活動の関与者，すなわち活動に参加した人と，その活動を担った人の体験に注目し，双方が，その活動から受けた影響とその成果を検討した事例を紹介した。この研究事例では，ミュージアムの教育活動の関与者が多様な成果を得ていることが明らかになった。

　1.3で紹介したミュージアムマイスターコースの学生発案型企画プロジェクトに取り組んだ学生は，「達成感や結果の他にも，受講経験を通して自分自身を知ることができたことや，最高の仲間を得たことはまさに財産である」とコメントした。自分の弱みと強みを理解し，他者のよい点を認め，グループワークのなかで自分を成長させていく。自分の可能性を広げ，かけがえのない体験ができる教

育の場をミュージアムは実現できるのである。

　本書の読者がミュージアムの教育活動に参加する時には，新たな知識や情報を得るだけでなく，ミュージアムのスタッフや他のプログラム参加者とのコミュニケーションを通して，何かを得ているかもしれないことに気づけば，ミュージアムは学習の場にとどまらない特別な場所になっていくのではないだろうか。

　一方，教育活動を企画する立場の読者であれば，教育活動のゴールを知識や情報の伝達に限定せず，多様なコミュニケーションの場を用意し，参加者に与えた影響について調査して，活動の意義を検証していただきたい。参加者の意味づけは，彼らがさまざまな体験を重ね，ライフステージが進むにつれ，その後も変わっていくであろう。そして，教育活動を担った読者自身も，そこから影響を受けていることを自覚すれば，ミュージアムの教育活動は現在想定されている以上の広がりを見せていくかもしれない。

付記

本調査研究は，日本学術振興会科学研究費助成事業の助成を受けた。

・2009-2011，基盤研究（C），博物館体験に関する長期記憶研究に基づく新たな博物館評価の構築，21601002，湯浅万紀子.

・2012-2014，基盤研究（C），地域社会での役割と関与者の長期記憶の観点に基づく博物館の新評価に関する研究，24501267，湯浅万紀子.

・2015-2018，基盤研究（C），高齢者の長期記憶に基づく異世代間交流の場としての博物館の基盤形成に関する研究，15K01145，湯浅万紀子.

引用参考文献・注 ————————

1：西野嘉章『モバイルミュージアム行動する博物館：21世紀の文化経済論』平凡社新書，2012.

2：生涯学習審議会答申「今後の社会の動向に対応した生涯学習の振興方策

について」第一部一（六）1992 年 7 月 29 日.

3：社会教育についての条文は改正前の法にも設けられており，第七条第 1
項では「家庭教育及び勤労の場所その他社会において行われる教育は，国
及び地方公共団体によって奨励されなければならない」と記されていた。
続く第 2 項では博物館についても言及され，「国及び地方公共団体は，図書
館，博物館，公民館等の施設の設置，学校の施設の利用，その他適当な方
法によって教育の目的の実現に努めなければならない」と記されていた。
これらの条文についても見直され，改正後には，第二章「教育の実施に関
する基本」第十二条第 1 項に「個人の要望や社会の要請にこたえ，社会に
おいて行われる教育は，国及び地方公共団体によって奨励されなければな
らない」，第 2 項には「国及び地方公共団体は，図書館，博物館，公民館そ
の他の社会教育施設の設置，学校の施設の利用，学習の機会及び情報の提
供その他の適当な方法によって社会教育の振興に努めなければならない」
と記され，社会教育とは「個人の要望や社会の要請にこたえ」るものであり，
「社会教育の振興」という文言が明示された。

4：American Association of Museums, *Excellence and Equity*：*Education
and the Public Dimension of Museums*, 1992.

5：Anderson, D., *A Commonwealth*：*Museum and Learning in the United
Kingdom*：*A Report to the Department of National Heritage*, 1997.

6：日本博物館協会編『「対話と連携」の博物館：理解への対話・行動への連
携【市民とともに創る新時代博物館】』日本博物館協会，2000.

7：同上，p.58.

8：同上，p.57.

9：同上，p.58-59.

10：日本博物館協会編『博物館の望ましい姿：市民とともに創る新時代博物
館』2003.

11：同上，p.7.

12：科学技術基本計画，第 2 章　総合的かつ計画的な施策の展開，Ⅷ．科学
技術に関する学習の振興及び理解の増進と関心の喚起，(2)科学技術に親し
む多様な機会の提供.

13：第二期科学技術基本計画，第 1 章 基本理念，4．科学技術と社会の新し
い関係の構築.

14：同上，(1)科学技術と社会のコミュニケーション.

15：第二期科学技術基本計画，第 2 章　重要政策，Ⅱ．優れた成果の創出・活

用のための科学技術システムの改革，5．科学技術活動についての社会との
チャンネルの構築，(1)科学技術に関する学習の振興．

16：同上，(2)社会とのチャンネルの構築．

17：第三期の計画については，「第4章　社会・国民に支持される科学技術，
　2．科学技術に関する説明責任と情報発信の強化，及び3．科学技術に関す
　る国民意識の醸成，第3章　科学技術システム改革，1．人材の育成，確保，
　活躍の促進」を，第四期の計画については「Ⅴ．社会とともに創り進める
　政策の展開，2．社会と科学技術イノベーションとの関係深化」を，第五期
　の計画については「第6章　科学技術イノベーションと社会との関係深化
　(1)共創的科学技術イノベーションの推進」を参照のこと．

18：1998年に当時の文部省と通商産業省，科学技術庁の3省庁が合同で臨海
　副都心地区に国際研究交流大学村を建設することが決定し，科学技術振興
　事業団（現在の独立行政法人科学技術振興機構）がこの大学村内に，最先
　端の科学技術を展示し，展示方法を開発し，研究者交流等を通じて科学技
　術の情報を発信していく施設として未来館を整備することになった。2000
　年より同事業団は，未来館のあり方等についての審議を行うため，科学技
　術理解増進推進拠点・総合監修委員会を設置し，展示計画や活動方針など
　について具体的な検討を重ね，それをもとに館の整備を進めた。2001年3
　月には建物が完成し，同年7月に開館した。

19：日本科学未来館『日本科学未来館コンセプトブック』日本科学未来館，2007．

20：K. マックリーン，井島真知・芦屋美奈子訳『博物館をみせる：人々のた
　めの展示プランニング』玉川大学出版部，2003，p.27-28. Kathleen
　MacLean, *Planning for People in Museum Exhibitions*, Association of
　Science-Technology Centers, Inc., 1993.

21：J. H. フォーク・L. D. ディアーキング，高橋順一訳『博物館体験：学芸員
　のための視点』雄山閣出版，1996. Falk, J. H. and Dierking, L. D., *The
　Museum Experience*, Washington D. C., Whalesback Books, 1992.

22：Falk, J. H. and Dierking, *L. D., Lessons Without Limit*, AltaMira Press,
　Walnut Creek, 2002, p.133-161.

23：Falk, J. H., "The Director's Cut：Toward an Improved Understanding
　of Learning from Museums," *Science Education*, Vol.88, Supplement, 2004,
　S83-S96.

24：同上，S88-S89．

25：同上，S89-S90．

26：Hooper-Greenhill, E. and Moussouri, T., *Researching Learning in Museums and Galleries 1990-1999*：*A Bibliographic Review*, RCMG, University of Leicester, Leicester, 2002, p.18.

27：同上，p.28.

28：Hooper-Greenhill, E., "Education, communication and interpretation：towards a critical pedagogy in museums," in Hooper-Greenhill, E. ed., *The Educational Role of the Museum*, Second Edition, Routledge, London and New York, 1999, p.11.

29：C. ギアツ，梶原景昭他訳『ローカル・ノレッジ：解釈人類学論集』岩波書店，1999. Geertz, C., *Local Knowledge*：*Further Essays in Interpretative Anthropology*, Basic Books, New York, 1983.

30：Hein, G., "Evaluation of museum programmes and exhibits," in Hooper-Greenhill, E. ed., *The Educational Role of the Museum*, Second Edition, Routledge, London and New York, 1999, p.307.

31：Hein, G., "Evaluating teaching and learning in museums," in Hooper-Greenhill, Eilean ed., *Museum, Media, Message*, Routledge, London and New York, 1995, p.189-203.

32：Hein, G., *Learning in the Museum*, Routledge, London and New York, 1998, p.133.

33：同上，p.134.

34：Takahashi, M. & Shimizu, H., "Do You Remember the Day of Graduation Ceremony from Junior High School?：A Factor Structure of the Memory Characteristics Questionnaire," *Japanese Psychological Research*, 49, 2007, p.275-281.

35：Stevenson, J., "The long-term impact of interactive exhibits," *International Journal of Science Education*, Vol.13, No.5, 1991, p.523.

36：藤田哲也「行為の記憶」井上毅・佐藤浩一編著『日常認知の心理学』北大路書房，2002，p.52.

37：同上.

38：コーエン，川口潤他訳『日常記憶の心理学』サイエンス社，1992，p.131. Cohen, G, *Memory in the Real World*, Lawrence Erlbaum Associates, 1989.

39：佐藤浩一「自伝的記憶」井上毅・佐藤浩一編著『日常認知の心理学』北大路書房，2002，p.83.

40：同上，p.70.

52

2章

教育実践を指導し変革する方法を
学ぶ場としての博物館の役割

序

　博物館[1]は，世界中で社会におけるコミュニティの重要な一部として，文化的で歴史的な財産を保管し管理する場所，研究機関，レジャーの行き先，旅行者とコミュニティのローカル・メンバー，家族，学校見学グループが教育的体験をする場の役割を果たしている。実際に，博物館は教育と学習のための機関として社会に貢献している。すなわち博物館は教育的体験をデザインして展開し，促進する場であると同時に，来館者が学習する場でもある。

　この章で焦点を当てるのは，博物館の後者の役割，つまり，教育的体験を促進する役割，過小評価されているが，特に，エデュケータ志望の人々が効果的なエデュケータとなるためのスキルと「教育の術」を学習できる場として博物館がもつ価値と可能性，力に焦点を当てる。効果的なエデュケータになる方法の学習機会を提供する場であると，博物館が自認していることはまれである。それどころか，博物館分野にいる人の多くは，自分たちの第一の役割は文化的な財産を保管することであり，学術的な研究の場であることはおそらく二次的なものと考えている。しかし，この章で，カナダのブリティッシュ・コロンビア大学（University of British Columbia：

UBC）とパートナーシップを結んだバンクーバー市内の博物館との2件の大学のプログラムをケース・スタディすることで，社会に貢献する有効で高度なスキルをもったエデュケータを輩出する環境として博物館がもつ，注目に値する力を明らかにしていく。

2.1　博物館の教育的な役割

　筆者は，『日本ミュージアム・マネジメント学会研究紀要』に最近寄稿した招聘論文で，「教育」は現代的な博物館の主要な機能の一つになってきたことを論じた[2]。この考えは，教育学の分野で著名なアメリカの研究者であるG. ハイン（Hein, G.）によって支持されている。ハインは，博物館の第一の機能は教育であると，次のように学術論文や博物館に関する解説書でしばしば主張してきた。「博物館教育は博物館活動の中心にあるものである。博物館は何よりもまず教育機関であり，その教育活動によって文化を残していく公的機関としての役割を担っている」[3]。

　筆者が2013年の『日本ミュージアム・マネジメント学会研究紀要』で論じたように，この正当な主張には，事物が重要で意義あるものだと考える（あるいは考えるべき）社会の人々に対して，事物の価値と意味が伝えられ解説が加えられるのでなければ，いくら事物を収集し保存しても仕方がないということが暗示されている。ゆえに，「博物館教育は博物館活動の中心にある」というハインの主張はまさに疑いのないものである[4]。博物館が教育機関であることを考えれば，博物館のなかの「誰が」教育的体験を媒介していくのか，そしてその体験は「誰に」向けられているのか，あるいは意図されているのかについて検討するのは妥当なことである。

　博物館という機関の中で誰が教育的体験を媒介する担当者になるのかという問題は複雑であり，博物館の種類と博物館が扱う学術分野だけでなく，博物館が立地する国の管轄権に左右されるために，状況によって異なる。多くの国にはそれぞれ独自の，博物館の発展の歴史と教育理念，文化的な価値があり，これらはすべて，誰が博物館の教育担当者になるのかという問題に関係している。これまで，例えば多くの自然史系博物館と歴史系博物館では，この役割は「学芸員」や「学芸職員」が担ってきた。E. フーパー–グリーンヒル（Hooper-Greenhill, E.）は，博物館の学芸員には公衆を教育する仕事がもともと課されてきたが，そうした仕事は博物館の事物やコレクションの保存を主要な任務とする学芸員にとって二次的なものにすぎなかったと示唆している[5]。ハインは，20 世紀の変わり目には，学芸員とは別に，博物館の教育義務を果たすための職員が採用されるようになり，学校の教員から採用して公教育の伝統的な教育方法をモデルとして実践されることが多くなったと示唆する[6]。しかし，その後数十年をかけて博物館教育は明確な専門職分野として発展してきたが[7]，博物館教育を職業として表現する方法は，テクノロジーや人々が情報にアクセスする方法の変化に従って次第に多様化している。かつて博物館とほかの娯楽施設との間を隔てていた境界が薄れ，社会における博物館の教育的な役割と機能が増すようになるにつれ，このような場での教育の性質を理解できるスキルをもった専門職員のニーズが高まっている。

　筆者がすでに主張したように，「ミュージアム・エデュケータ」という用語は博物館の専門職員を表現する際に北米でもほかの地域でも多用されるようになった[8]。この用語は，さまざまな責任を負い，教育実践の性質を理解することの訓練を受け，そうしたスキル

をもった博物館専門職員を指すのによく用いられている。学校見学のグループや家族，教員，市民を対象としたプログラムを開発し，コーディネートし，実施して運営していく専門職員を指すのにも用いられているが，必ずしもこれに限定されるものではない[9]。また，「ミュージアム・エデュケータ」には，コミュニティ全体をカバーして，より広く多様な人々を対象とするだけでなく，彼らが博物館に足を運んで利用することを促すために，コミュニティのグループとの関係性を結び，発展させ，育てていく専門職員も含まれるだろう[10]。さらに，ミュージアム・エデュケータはプログラムや展示に関するコンセプトの企画，デザイン，開発にも貢献するかもしれない[11]。これらはミュージアム・エデュケータが果たしうる役割と任務のごく一例にすぎない。ミュージアム・エデュケータの役割は，人々の中心にいて知識を伝達する従来の意味での「教師」の役割として考える必要はないかもしれない。むしろ，その役割は教育プログラムの開発計画者として（パブリックスペースではない）舞台裏にもあり，その教育的なインパクトは人の気配のないギャラリーで感じられるものであろう。

2.2　ミュージアム・エデュケータとK-12教員

　博物館は，多くの先進国で，幼稚園，小学校から中学校・高等学校（K-12）の公教育とその法定のカリキュラムをサポートする重要な場として大いに評価され，認められ，利用されている。例えばアメリカでの状況を考えると，アメリカ博物館協会（American Alliance of Museums：AAM）によれば，アメリカの博物館は「……学校見学の学生を毎年5,500万件ほど受け入れており，州や地域，

コア・カリキュラムのなかで数学や理科，美術，読み書き，言語科目，歴史，公民と政府，経済と金銭に関するリテラシー，地理，社会学についてのプログラムを特別に作成して教育に貢献している」[12]。さらに博物館・図書館サービス機構（Institute of Museum and Library Services：IMLS）によれば，アメリカの「博物館は学生向けのガイドツアー，博物館職員の学校訪問，科学関連展示を搭載したワゴン車や移動展示による学校へのアウトリーチ活動，教員向けの専門研修などの教育的な仕事に毎年 1,800 万時間以上を費やしている」[13]。アメリカや世界中の何千館もの博物館職員に働きかけるスキルをもったミュージアム・エデュケータは，博物館がコミュニティの重要なメンバーである社会において，中心的な役割を果たし，K-12 の公教育システムと学校教員と生徒たちのサポートを実現している。

　筆者はまた，K-12 の学校見学では，教育的体験はミュージアム・エデュケータのみによって（直接的であれ間接的であれ）媒介されるのではなく，学校教員によっても適切に媒介されるべきだと主張したい。この意味で，ミュージアム・エデュケータと教員は学校見学で訪れる学生の教育的体験を共に促進するといえる。しかし，K-12 教員は専門職員としてのエデュケータではあるが，そのスキルと養成方法は特別に定められた教育や公教育という範囲に狭く限定されていると反論されかねない。世界中どこでも教員は大学の教員養成プログラムの中で，教育の術を教室の境界の外で効果的に実践する方法を理解するように養成されたり教育されることは稀である。効果的な実践を行う教員になるには，学校をベースにした教室だけという限られた範囲を超えた状況で，エデュケータの経験を積む必要があるとも主張したい。「教育の術」に精通するには，教室

だけをベースに学習体験を媒介させるよりはるかに幅広いスキルが必要である。

　社会に貢献するために効果的で高度なスキルをもったエデュケータを輩出する環境として博物館がもつ重要な力を筆者が研究しているのは，この前提と仮定に基づいてのことである。本章では，ミュージアム・エデュケータとK-12の学校教員という2種類のエデュケータの専門職養成と資格認定について，ブリティッシュ・コロンビア大学とパートナーシップを結んだ博物館との2件の大学のプログラムをケース・スタディする。最初に，「ミュージアム・エデュケータ」という専門職の養成について，博物館教育学修士プログラム（Masters of Museum Education：MMEd）における大学院生の実習をケース・スタディする。次に，「K-12学校教員」認定を受ける専門職の養成と訓練について，教育学士プログラム（Bachelor of Education：BEd）の一部として地域の博物館で開催され促進される実習指導プログラムをケース・スタディする。

2.3　ケース・スタディ1：博物館教育学修士プログラムにおけるミュージアム・エデュケータの養成

　近年，北米では学問分野として博物館教育学に焦点を当てた専門的な大学院修士課程のプログラムが現れ始めた。例えば，ジョージ・ワシントン大学（George Washington University）の博物館教育を教える修士課程（Master of Arts：MA），タフツ大学（Tufts University）の博物館教育の修士課程（MA），ブリティッシュ・コロンビア大学の博物館教育学修士課程（MMEd）などがあり，教育分野で博物館の専門職を認定することを志向している。

　ブリティッシュ・コロンビア大学の MMEd プログラムは 1 年間の集中型の全日制または 2 年半の定時制で，多様な博物館やそのほかのインフォーマルな学習の場で起こる学習と教育の研究に焦点を当てた修士課程のプログラムである。このプログラムは，保存と保護といった学芸業務ではなく，学問分野としての教育の学術的研究だけに焦点を当てているという点で，いわゆるミュージアム・スタディーズとは異なる。プログラムは博物館の専門職員，エデュケータ，コミュニティを利用して指導と学習をサポートすることに関心をもった人々が教育と学習の場としての博物館に関する考察と知識をより深めることを意図したものである。そして，博物館とより広いコミュニティとの新たな関係を研究し，博物館で指導したり学習したり，博物館とそのほかのインフォーマルな学習の場の教育的な役割と可能性について考察するさまざまな方法を実践していくエデュケータの養成を目指している。

　すでに述べたように，博物館は家族や子ども，学生，ティーンエイジャー，若年成人，高齢者といった幅広い層を対象にしている。MMEd プログラムでは学習者としてのこのような幅広い来館者の性質を研究する。さらに，プログラムが特に重視することの一つは，どのようにすれば博物館が効果的な方法で来館者とコミュニケーションを図り，解説し，最終的には教育でき，そして，あらゆる人々に適したコミュニケーションや解説の仕方があるのかという古くからある疑問に挑戦できるかということについて，重大で複雑な問題に取り組むことである。こうした問題の核心にあるのは，「博物館の教育方法」である。すなわち，博物館が効果的な学習体験をいかに教育的にデザインすべきかということであり，そこから博物館が対象とする多様な来館者にとって必要な教育学的アプローチは何で

あるのかを真剣に考える必要性が生じる[14]。実際のところ，博物館は，プログラムや展示を通して教育的体験をどのようにデザインするかによって教育方法を決めることができる。確かに，ある種の博物館は特定の教育方法を採用したり，特に重視したりしているのも事実である。来館者の博物館体験と学習を十二分に高める教育方法が唯一存在するというわけではない。各種の博物館は，それぞれにさまざまな方法を懸命に模索しているのである[15]。例えば，インタラクティブなサイエンス・センターはアクティブなハンズ・オン展示や他者との関わりを重視している。一方，一般的に美術館は，来館者がコレクションに対して思索的に，各人各様に向き合い，内省的に関わることを推奨する。この数十年間に，博物館の種類やそれまでの来館者との関わり方に関係なく，博物館という場での教育方法として有意義な来館者の学習と教育実践とは何かを明らかにしようとする研究が数多くなされるようになってきた[16]。学習方法，関心，既有知識，来館動機などが異なる多様な市民に対して博物館がいかに貢献するかを真剣に考えることは，挑戦しがいのある困難な課題であるが，博物館が教育的な使命と任務を有効に果たそうとするならば非常に重要な課題であるといえる。

　MMEd プログラムの理念では，博物館は従来の学校教育における「教室」ではなく，むしろ「教育の術」が実践されるきわめてユニークな学習環境であることを認識している。「教育の術」とは単に技術的なスキルを集めたものではない。もっとダイナミックな関係[17]として考えるべきであり，博物館（展示とプログラム）と学習者（来館者）との媒介によって変化するものである。教育をこのように捉えると，ミュージアム・エデュケータはテクニックとそれを効果的に応用するルールをいくつも理解して学習するだけでは足り

ない。理論に立脚して情報に基づいて判断し，学習環境のダイナミックな変化を絶えず評価していくことが求められる。新しい意味でのエデュケータがこのような見地から指導を学習するためには，来館者の学習体験について考える機会や，博物館というメディアと来館者の関係性を理解するのに役立つ機会が必要である。MMEdプログラムで焦点を当てているテーマで，大学院生が研究するのは，こういった事項である。

2.3.1　ミュージアム・エデュケータ養成の教育的実践に関する文献のレビュー

　博物館教育プログラムが，大学院生の教育にまつわる理解と実践に与えるインパクトや成果について論じた先行研究はない。その理由として，現在世界中で実施されている一連の大学のプログラムが比較的新しいこともある。しかし，博物館自体が「組織内での」養成，すなわち短期集中型または「オンザジョブによる文化化」による博物館の実践の範囲内で，博物館教育の専門職員を養成している方法について調査した研究はいくつか存在する。

　例えば，L. マッキントッシュ（McIntosh, L.）が最近発表した博士論文では，博物館の専門職員の多くが教育の術をオンザジョブで，文化を受け入れて，他者から指導を受けて学び，専門的なスキルを「職人の知恵」によって獲得していることを示唆した[18]。博物館教育の専門職員を養成するためのこのような方法には長所と短所がある。確かに，短期集中型のアプローチでは，実践者に基礎を教え込み，必要となる特定の仕事に関連したスキルを短期間に習得させることができる。博物館教育の文献には，知恵や術としての博物館での指導に関する例がいくつか示されている。例えば，L. U. ト

ラン（Tran, L. U.）は，ミュージアム・エデュケータはワークショップのタイミングや教室運営といった指導のテクニカルな面を修正するのに長けていることを見いだした[19]。博物館でも学校の教室でも，教員が指導する場面では，長年繰り返されてきた経験の結果として検討するにせよしないにせよ，判断を日々下さねばならない。この点に関しても，ミュージアム・エデュケータが博物館の場で指導する方法を理解するのに役立つ研究はほとんどなされていない。マッキントッシュが主張するように，「ミュージアム・エデュケータがこのような判断を下す場面でどのように検討してふるまうかによって，現在も今後も指導場面での相互作用が決まっていく。博物館での指導に関する研究への関心は高まっているが，まだかなり限定されている」[20]。

MMEd プログラムはこの前提と限定を踏まえ，プログラムのなかの現場体験の要素が，博物館における教育と学習に関する大学院生の理解と，彼らがミュージアム・エデュケータとしてのアイデンティティを獲得していくことに与えるインパクトを調査するために，自己評価を実施した。

2. 3. 2　UBC の MMEd プログラムと博物館現場体験の性質

ブリティッシュ・コロンビア大学（UBC）の博物館教育学修士課程（MMEd）における学習の一つに，受講する大学院生がそれぞれの関心と専門分野に沿った博物館の場で 120 時間の実習体験を行う「博物館現場体験」がある。MMEd プログラムはあらゆる専攻の大学院生に開かれたプログラムであるため，科学や芸術，社会学，人文学の分野の学生たちを惹き付けている。大学院生は，以下に示す MMEd プログラムとパートナーシップを結んだバンクーバー市内

の多数の博物館から選択して現場経験を積むことができる。

バンクーバー水族館（Vancouver Aquarium）
http://www.vanaqua.org/
サイエンス・ワールド　ブリティッシュ・コロンビア（Science World British Columbia）　http://www.scienceworld.ca/
バンクーバー美術館（Vancouver Art Gallery）
http://www.vanartgallery.bc.ca/
モリス＆ヘレン　ベルキン美術館（Morris and Helen Belkin Art Gallery）　http://belkin.ubc.ca/
UBC 人類学博物館（UBC Museum of Anthropology）
http://moa.ubc.ca/
ビーティ生物多様性博物館（The Beaty Biodiversity Museum）
http://www.beatymuseum.ubc.ca/
UBC 植物園（UBC Botanic Gardens）
http://www.botanicalgarden.ubc.ca/
BC スポーツ・ホール・オブ・フェイム（The BC Sports Hall of Fame）　http://www.bcsportshalloffame.com/
BC 農業博物館（BC Agriculture Museum）
http://bcfma.com/
BC ユダヤ博物館＆アーカイブ（The Jewish Museum and Archives of BC）　http://www.jewishmuseum.ca/
バンクーバー博物館（Museum of Vancouver）
http://www.museumofvancouver.ca/

現場で提供される 120 時間のコースでは，大学院生は配属される博物館の種類によって教育部門や教育的なアウトリーチ部門，来館者サービス部門などの職場で実習を行う。そこではギャラリーでの指導や見学グループの引率，多様な来館者を対象にした新たな教育プログラムの開発，展示のコンセプトづくりとデザイン，開発，コミュニティとの関係づくり，展示とプログラムの評価など幅広い仕事に従事する。大学院生は，博物館の日常業務の一部としてこれらの仕事に博物館職員と協力し，チームとして取り組む。MMEd プログラムの現場体験は，プログラム全体の約 3 分の 2 を占めており，大学院で研究の一部として学んだ博物館教育の理論の多くを，博物館の環境に実際に適用することができる。

図2-1　ビーティ生物多様性博物館でミュージアム・
エデュケータとして実践する学生

**図2-2　バンクーバー水族館でミュージアム・
エデュケータとして実践する学生**

2.3.3　研究のアプローチ

　博物館現場体験のインパクトを調査するための研究のアプローチ
として，質的で解釈的なケース・スタディ[21]を採用し，博物館現場
体験を完了した17名の大学院生に調査を実施した。この調査は，
2013年度に行われた120時間の現場体験が大学院生に与えたイン
パクトを理解するためのものであり，この質的研究は，大学院生の
体験について豊かに記述し，体験の性質を概念として一般化するた
めに行った。現場体験の最後に大学院生に個別に面接調査を実施
し，その体験が彼らの教育への理解とエデュケータとしてのアイデ
ンティティに与えたインパクトの解明を目指した。面接調査のトラ
ンスクリプト〔正確に書き起こされた記録〕は突出したテーマごと
にコード化された。このテーマが，実習が大学院生に与えたインパ
クトを示すものである[22]。解釈した結果，最終的に7つのテーマが
導かれた。

2. 3. 4 MMEd プログラムの大学院生にとっての
博物館現場体験のインパクト

　博物館現場体験が大学院生の博物館における教育と学習への理解と，ミュージアム・エデュケータとしてのアイデンティティ形成に与えたインパクトを調査した結果，次の7件のテーマが明らかになった。データ解析から識別された7テーマはすべて，17名の大学院生の大半に共通していた。

（1）来館者が博物館で学習する方法についての幅広い理解

　大学院生は，博物館という環境で来館者が学習する方法，特に，来館者とは経験と既有知識をもって来館するものであり，それが博物館での彼らのふるまいや学習方法に影響することを幅広く詳しく理解できるようになった。広く共有された理解の一例を以下に引用して示す。

　　私は現場体験を経て，博物館教育のベースとなる原理が来館者の学習プロセスにいかに強く影響するかを深く理解できました。来館者はそれぞれの既有知識をもって来館し，それは彼らの関心と博物館で注意を向けるものに影響します。また，彼らの学習体験とは，博物館を出た後も続くのです。つまり，博物館における学習とは，私たちが来館者に与えたいと考えている「もの」ではなく，さまざまな学習段階にいる多様な来館者が再訪する度に，博物館が彼らに対してそれぞれに異なる役割を果たす，そのプロセスであるべきです。

　大学院生は、「博物館はさまざまな学習段階にいる多様な来館者にそれぞれに異なる役割を果たす」ことを十分に理解するようになったのである。このように理解しているのであれば、博物館とはそこから学ぶべきことすべてを一度限りの訪問で得られる場所ではないことを深く理解していることになる。博物館とはむしろ、何度も訪れ、その度に多くの学習成果を得られる場として捉えるべきである。博物館とは来館者の学習の場として多大な可能性をもっているといえよう。

（2）博物館のメッセージを効果的に伝えるために必要な来館者のアイデンティティについての理解

　来館者層を成すさまざまなタイプの来館者の学習ニーズを理解したことは、現場体験のインパクトとして大学院生から共通して語られた。実際に、プログラムや展示を一つの形式で展開しても、来館者層のすべてのタイプの学習ニーズに必ずしも適さないかもしれないという考えは、大学院生から同じように語られた。現場体験を終えた時には、すべての大学院生が、博物館の来館者層にはさまざまなタイプがあることと、若い来館者、家族連れ、学校見学グループ、高齢者といった多様な来館者のアイデンティティに適したメッセージの伝え方についての理解を新たに深めるようになった。

　　全体的に見て、学んだなかで最大のものは、現場であるいは実際的な場面で、指導と学習に関連するチャレンジをして働いた体験です。私は今では、若い方や年配の方などあらゆる種類の来館者、多様な来館者の学習の成果を考慮して、実際の博物館の展示や展示物、ポスターが広く多様な来館者向けに制作され

る方法を深く理解しています。学習方法は来館者層によって，年配の来館者と若い来館者とでは異なっているため，自分たちの博物館のメッセージを効果的に伝えるためには，来館者のアイデンティティ，いったいどういう人であるのかを理解する必要があります。

（3）メディアとしての博物館と来館者との間で展開される　ダイナミックな学習の理解

　博物館が展示内容とメッセージを伝える役割とは，科学や歴史，美術，文化についての情報を単に伝達したり説明することではない。役割はそれよりはるかに複雑で，事物や人工物とその意味だけではなく，展示内容を来館者に媒介するメディアとしての博物館と，学習者としての来館者の双方に，焦点を当てる学習の認識論を理解しておく必要がある。このことを新たに理解したことが，MMEd プログラムに参加した外国人学生の一人（中国）から，以下のように適切に表現された。

　　最良の指導は育成すること，つまり，私たちの博物館を訪れる来館者を深く理解することであると確信するようになりました。博物館のエデュケータとして実践し始めた当初の私は，「単に来館者に情報を伝える」という伝達志向のアプローチをとっており，これが最良の指導方法であると考えていました。これは中国の学校で私たちが経験してきたことで，学習者としての学生より，指導すべき内容に焦点を当てるものでした。現場体験では，博物館での私の将来の指導について「育成する」という考え方を適用して，展示内容だけではなく来館者に焦点を当

てる必要性を理解しようというチャレンジを続けました。博物館の展示内容について理解することと，来館者自身についてを知ることの両方が必要なのです。

（4）博物館での学習における社会的体験の力

　すべての大学院生が，博物館での学習を促進するためには来館者との個人的な関わりが重要であることを深く理解し認識するようになった。つまり，博物館が貢献する対象，来館する公衆に直接関わる重要性を理解し認識したのである。

　　私は，展示の「命」がコミュニケーションに依存しうる場において，博物館での教育的実践によって，人のもつ本来の柔軟性が実現し，見知らぬ人々（来館者）の間での交流が生まれうるものであることを理解するようになりました。私にとってこの体験は，特にこのようなインフォーマルな場で教育的体験を発展させていく方法を深く理解するのに役立ちました。私は来館者と交流する方法や，どのように質問すれば来館者の考えを発展させられるかを学習し，来館者と関わる重要性を学びました。私は現場体験を経て，博物館での体験が教育的であることを志向しているか否かにかかわらず，来館者がいかなる博物館体験からも得る本質的に個人的な意味を確認することができました。

　さらに，来館者の間で博物館での学習に関する博物館体験を共有する社会的交流が重要であると理解したことは，大学院生が現場体験の成果として語ったことに広く共通している。以下の引用で特徴

的に表れているのは，博物館で得る学習成果は博物館で提示される展示内容についてだけではないという重要な考え方である。例えば，博物館は，若い来館者たちに社会的スキルや道徳的な思考といった意味ある学習成果を与えることができる。

　博物館という学習環境では世代間のコミュニケーションを促進することもできることを，私は今，理解するようになりました。世代間の交流は生活の質に影響を与え，多くの世代にメリットをもたらし，個人の社会的なスキルと道徳的な考え方を向上させうるものです。このため，博物館での学習は私の生涯にわたって私のためになると確信しています。

（5）博物館での学習における自由な環境の力

　前述した(4)に関連して指摘されたのは，博物館は来館者が自由に質問したり，話したり，他者と意見交換できる「自由な」学習環境であるという考えを多くの大学院生がもつようになり，それを価値あることとした点である。以下の引用は，博物館教育のこの理想的なゴールに言及しており，博物館は来館者が会場で自由に考えを表現できることを認め，実現する場となるように努めるべきであることを示している[23]。このような自由な学習環境は，来館者の学習体験を豊かにする可能性がある。

　博物館での教育とは単に情報に関するものではなく，自由な学習環境を創造することにもまつわるものです。つまり，来館者が自由に話ができる環境を創り，会場で普通の声で互いに興味ある会話をかわしてよいことを知らせることです。私は以前は

このような考えをもっていませんでしたが，今はもつようになりました。

（6）博物館での学習における来館者の目標課題

　大学院生は，来館者の目標課題が博物館体験をどのように形成し，それに影響を与えるかについて理解するようになった。来館者，特にグループ見学者たちはダイナミックに変わる存在であり，グループとしての関心とグループの一員としての個人のニーズに応じて，博物館体験において注意を向けるものが変化する。

　　私が博物館での家族グループの行動を観察し，その内のいくつかの家族と交流した結果，来館者の学習において目標課題が果たす役割は注目すべきであるという意見が私の印象に残っています。つまり，インフォーマルな場での来館者の学習体験，特に博物館での家族グループの学習体験を考察する際は，彼らの目標課題を理解することが重要です。

（7）ミュージアム・エデュケータのアイデンティティ
―― 教師であり学習者である

　大学院生は皆，現場体験を経て，ミュージアム・エデュケータとしてのアイデンティティを変化させた。大学院生の多くは，自分は「ミュージアム・エデュケータ」であり，自分の役割は「教師」であると考えて現場体験に臨む。しかし，多くの大学院生にとって，現場体験は数多くのチャレンジをしなければならない，ある意味で謙虚にならざるを得ない経験である。そのために，彼らはオンザジョブでスキルを学ぶ「学習者」にならざるを得ず，博物館教育の

実践に関する自分のスキルと知識の限界に直面することが多い。

　博物館の仕事の場で，私は自身のアイデンティティを「教師」から「学習者であり教師でもある者」へと変容させました。学習者であるという体験によって，私は博物館で他者をどのように指導すべきかについて，深く考察できました。私はすべてを知っていなければならないと，自分で課した期待のプレッシャーを感じていましたが，実際には，すべてを知っていることなどできません。時には答えられない質問を来館者が寄せることもあれば，展示やプログラムなどを開発しながら何をしているのかわからなくなることもあります。そして，私は，博物館では，教師であることに加え，学習者でもあるべきことに気づきました。

2.4　ケース・スタディ2：K-12教員養成をサポートする場としての博物館

　学界では近年，大学での教員養成を改革しようとの要望が多数あがってきた[24]。D. メッツ（Metz, D）は，教員養成プログラムでは教員養成のための数々のスキルを拡張しうる実践を特定するために，博物館とより協力する必要があると示唆している[25]。これまで開発されてきた多数のプログラムでは，大学と博物館が協力して実践スキームを実施するメリットが確証されている[26]。このため，教員養成のための研修によってより質の高い効果的なエデュケータにもなれるプロセスを探究することや，教員養成において博物館という場が果たしうる役割について関心が高まっている。

ブリティッシュ・コロンビア大学の教員養成プログラムでは，このような要望に沿って，バンクーバー市内の地域の博物館とパートナーシップを結び，教員養成の従来の定義を拡張したり改革しようとする教員向けの革新的な実習体験を開発している。「教育の術」に，より長けた卒業生を輩出することを目指している。以下に示すこのケース・スタディの議論と報告は，D. アンダーソン（Anderson, D.）と B. ローソン（Lawson, B），J. メイヤー-スミス（Mayer-Smith, J.）による調査[27] の主張と一致し，それを拡張するものである。

2. 4. 1 教員養成プログラムにおける博物館実習に関する文献のレビュー

研究文献のなかで，教員養成プログラムと博物館との各種のパートナーシップに関して検討した調査は少ない。そのなかでも，例えば，M. L. ユング（Jung, M. L.）と K. L. トンソ（Tonso, K. L.）は，科学館での指導体験に参加した教員養成プログラム受講者は，その後，授業で科学的な活動を増やす計画を報告したと指摘した[28]。さらに，受講者のスキル習得に重要な役割を果たした多数の確かなインパクトを観察することができた。

①科学の専門知識が博物館職員から受講者に伝達された。

②受講者が抱いていた誤解が，博物館職員との話し合いを通して正された。

③受講者は，「これまで彼らの学校での実践には特に欠けていた」ハンズ・オンの探究型の指導を実践できるようになった。

④受講者は博物館のリラックスした協力的な雰囲気のなかで自信をもつようになった。

⑤博物館で提供できる，教室で利用可能なリソースと学習機会への意識が高まった。

⑥体験を極め，内省的な実践を行い，大きな自信をもつようになることで，同じ授業内容を多様な方法で提供できるようになった。

⑦受講者にとって科学が活き活きとしたものになり，自分たちの生徒にも同様に感じさせる可能性が高まった。

同様に，C. デイビッド（David, C.）と B. マシューズ（Matthews, B.）による初期の研究では，科学館で提供される養成プログラムをうまく利用した教員養成プログラム受講者は，そのプログラムに参加しなかった受講者よりも，教室で科学的な活動を実践する機会が増えたことを報告している[29]。C-C. チン（Chin, C-C）と H-L. チュアン（Tuan, H-L）は，科学的手法を学ぶコースに博物館のリソースを含めると，教員養成プログラム受講者は科学の知識を得るだけではなく，後に自らの教室での指導に博物館のリソースを組み込むようになったことを見いだした[30]。M. F. ネザリー（Neathery, M. F.）は，いくつかの異なる博物館で 1 日または 2 日の学習体験をした教員は有益な体験をし，授業計画立案に利用できる展示内容の知識を得たことを報告したと述べている[31]。

教員養成に関して結ばれた科学館と大学とのいくつかのパートナーシップについての S. ミドルブルックス（Middlebrooks, S.）による調査では，さまざまな博物館の場での（ワークショップや，指導方法を学ぶプログラムの一部としての博物館見学，単位認定されるボランティア活動といった）数日間から，（インターンシップとなる）数カ月のコースがある教員養成プログラム受講者向けのインターンシップ・プログラムのインパクトを検討した[32]。ミドルブルックス

は，調査した12件のパートナーシップからいくつかの意義ある有益なインパクトとして，次の機会を得たことを特定した。①さまざまな年齢の子どもたちとの関わり，②多様なエデュケータの教育方法実践の観察，③科学を教えるという実践，④実際に指導を始めるようになった時に利用できる博物館職員からの支援ネットワークの構築である。ミドルブルックスは，インターンシップは将来教員になる人にとって最も有益であると述べ，その理由として受講者は博物館を裏側からも表側からも観察し，「博物館職員が指導するのを観察し，さまざまな年代の異なるバックグラウンドをもつ個人やグループに科学を教えようとする数多くの機会をもてる」からであるとしている[33]。ミドルブルックスはまた，博物館とは「大学と教室の間に位置し，あるいは理論と実践の間に位置するもの」であり，そのために「受講者が教員になる取り組みを行う確かな養成環境」を提供できることを示した[34]。受講者はこのようにして，「将来の教室を創り上げていく変革者となるために必要な経験と基礎知識，ノウハウと協力者」[35] を手に入れていくのである。

　ここに紹介した研究論文では，博物館をベースにした実習では，教員養成プログラム受講者が教室だけの実習では実現できないよう方法で，学習と指導についての認識論と教育方法を身につけていく重要な機会であることが，その強みであると説明している。

2.4.2　UBC の BEd プログラムにおける博物館実習

　ブリティッシュ・コロンビア大学（UBC）の教員養成プログラムには現在，専門分野（科学，芸術，社会学）の学士資格をもった受講者が，1年で中等教育[36] の教育学学士となることができるプログラム（Bachelor of Education Program：BEd）がある。このプログ

ラムを受講すると，カナダのブリティッシュ・コロンビア地域の中等教育の教員としての資格を取得できる。この学士課程における実習モデルは，教室での実習体験の2つのフェーズ，すなわち，第一学期の早い段階での2週間の実習と，第二学期の13週間に及ぶ実習から構成されている。実習体験は，受講者が教育学の理論を実践に関連づけるのに役立つようにデザインされている。つまり，指導者としてのキャリアの準備となる指導体験を提供し，受講者が専門的で教育的なコミュニティ（学校と教室）での指導について体系的かつ分析的に考察するように促し，指導計画を立てて実施し評価する機会を提供する。

　地域の博物館とのパートナーシップでは，これまでの教室内だけで行っていた実習モデルを，10週間の教室での実践とそれに続く3週間の博物館での指導体験から成るモデルへと変革しようとの試みから始まった。この変革を行う理由は山ほどあった。大学側では，学校という場のみで提供される実習体験は，教員養成の幅広い定義には沿わないという懸念があった。教員養成とは，エデュケータに学校の内外のさまざまな状況で活用できる幅広いスキルを身につけさせることにまつわるものである。このような教育と研修を行うことで，受講者は教室という場だけでなく，幅広い学習環境で実践を行う機会を得られるはずである。

　博物館の組織としての見解は，大学の見解と一致していた。さらに，博物館は実習のパートナーシップを次のような機会としても捉えていた。①次世代の教員が授業で博物館施設を有効活用する方法について影響を与えるための機会，②新任教員の姿勢を身につける機会，③受講者からさまざまな世代の生徒たちに，保護とエコロジーといった博物館組織としてのメッセージを伝える機会，④プロ

グラムとその資源となる資料を再開発して，役立つ専門知識をさらに得る機会，⑤コミュニティでの認知度を上げてさらなるインパクトを示す機会である。UBC と博物館実習プログラムに関してパートナーシップを結んだバンクーバー市内の地域の博物館の一部を次に示す。

フォート・ラングレー国立ヒストリック・サイト（Fort Langley National Historic Site）
http://www.pc.gc.ca/lhn-nhs/bc/langley/index.aspx

フレイザー・リバー・ディスカバリ・センター（Fraser River Discovery Centre）　http://www.fraserriverdiscovery.org/

HR マクミラン宇宙センター（HR MacMillan Space Centre）
http://www.spacecentre.ca/

サイエンス・ワールド・ブリティッシュ・コロンビア（Science World British Columbia）　http://www.scienceworld.ca/

ビーティ生物多様性博物館（The Beaty Biodiversity Museum）
http://www.beatymuseum.ubc.ca/

UBC 人類学博物館（UBC Museum of Anthropology）
http://moa.ubc.ca/

バンクーバー水族館（Vancouver Aquarium）
http://www.vanaqua.org/

バンクーバー美術館（Vancouver Art Gallery）
http://www.vanartgallery.bc.ca/

2.4.3 博物館実習の性質

　受講者は，その専門的な関心に従って，パートナーシップを結んだ博物館の中から実習する館に配属された。3週間の博物館実習の間に，各博物館が K-12 の生徒たちに提供する 10～13 件の学校向けのカリキュラムに基づいたプログラムの教材開発と指導の両方に取り組んだ。受講者は，学校向けのプログラムのコーディネータとボランティアがプログラムを実施する様子を観察することから，実習を始めた。彼らは最初は，パートナーと組んで1つまたは2つのプログラムに取り組んだが，その後2～3日の間に各自で1つまたは複数のプログラムを教える責任をもつようになった。博物館での指導実習には次のような多様な活動があった。①学校見学グループとミーティングし，出迎え，組織化すること。②プログラムが提供する活動を紹介し，実行すること。③カリキュラムの要素と活動を学校見学グループに指導すること。そして，④博物館教育担当職員がデザインした活動に参加し，多くの博物館が採用しているハンズ・オンの学生中心の教育理論をモデル化した。

　博物館実習の第三週には，受講者は，自分が関与した学校向けプログラムについて，来館前と来館後それぞれの活動のデザインと開発に参加した。これは，受講者を知識があり創造的な人物だとみなした博物館教育担当職員からの要請で実施された。受講者は各自，適切な学校プログラムのコーディネータと緊密に連携してこれに取り組んだ。ペアになって活動について議論し，活動を共同開発した受講者もいた。受講者は，新しいカリキュラムの教材と活動を改訂して開発した。そして活動を，博物館のプログラムの目的と，カリキュラムの多数の分野のなかで特定の学年レベルに合わせて州が規

定する学習成果（義務的なカリキュラム）の目的の両方に関連づけた。3週間の実習を通して，受講者は，公式にも非公式にも，互いに，そして博物館教育担当職員ともミーティングを行い，自分たちの指導体験についてを議論し，考察を深めた。このミーティングは，彼らが自分たちの学習と教師としての進歩についてを考察する議論の場として役立った。

2.4.4　研究のアプローチ

　博物館実習のインパクトを調査するために採用した研究のアプローチは，MMEd プログラムを受講した大学院生の博物館現場体験の調査で採用したアプローチと非常に似ている。すなわち，質的で解釈的なケース・スタディ[37] である。博物館実習を初めて実施した 2005 年以来，何百名もの受講者がパートナーシップを結んだ博物館で現場体験をしてきた。2006 年に D. アンダーソンと B. ローソン，J. メイヤー–スミスは，受講者のバンクーバー水族館での実習体験のインパクトとして 10 件のテーマを抽出して報告した。博物館実習のインパクトに関する最新の調査は拡張して実施されており，以前に報告されたテーマのうち少なくとも 6 件を確認している。2005 年から 2009 年に実施されたプログラムに参加した受講者のうち，35 名の調査結果が，インパクトを報告する調査結果のデータベースにおさめられている。現場体験の最後に受講者に個別に面接調査を実施し，博物館実習が彼らの教育についての考え方とエデュケータとしてのアイデンティティに与えたインパクトが突き止められた。個々の面接調査のトランスクリプト〔正確に書き起こされた記録〕は突出したテーマごとにコード化された。このテーマが，実習が受講者に与えたインパクトを示すものである[38]。解釈した結

果，最終的に6件のテーマが導かれた。

2.4.5 K-12教員養成プログラム受講者にとっての
博物館実習の成果と恩恵

　データを分析した結果，博物館での実習体験が受講者に与えた影響力の証拠が示され，受講者が個人的にそして受講者グループとして実習に参加したことを通していかに有益に変わったかを示す6件のテーマが明らかになった。6件のテーマに共通する要素は，教育と指導，学習に関する受講者の考え方の変容である。

（1）博物館で効果が現れた教育理論の適用と教育に関する
　　　より広い見解

　博物館実習は受講者に教育と指導についてより幅広い見方をする機会となった。受講者の何名かは，自分たちが教育学学士号を取得する際の最初の体験は，教室での指導に狭く絞ったものであったという見解を示した。その後，博物館実習とは教育についての考え方を教室以外の状況へと広げ，学校外の場で指導と学習を体験する機会であったと理解した。さらに，博物館実習は自分たちに指導の「全体像」について考える機会を与えてくれたとも述べた。彼らは博物館実習によって，指導において最も重要なものは何か，そして大学の授業で支持された教育理論を博物館での学習に適用することについて考察しなければならない状況に置かれたと感じた。

　　　私は今まで，教育学の学士ではなく，社会教育のシステムにおける教室での指導を行う学士であったと少しは感じていましたが，今回の体験はまさに機会を広げてくれました。これまで

習ってきたきわめて基礎的な原理のいくつかを，とても多くのさまざまな場に適用できることが分かり，新しい場を見るのはすばらしく……この体験が私の教育に関する見解を改めて広げてくれたと考えています。私は教育とは何かについて非常に広い見解をもって教育プログラムに参加するようになったと思います。学校だけにいては考えは非常に狭くなったと思います。この博物館実習は非常にすばらしく，考え方を再び広げてくれ，私たちが本来行っているすべてのことに教育という営みが起きるのだと分かりました。

（２）教育理論についての理解の増進

　教育理論の授業で学んできた教育原理の多くが，博物館で適用されていることを見ることができたと，主張する受講者が多かった。何名かにとっては，構成主義の学習理論が実際に適用されているのを今回初めて見たとのことである。

　　このような場に身を置くことは，自分自身の考えのなかで構成主義とは何かといったことを少し理解できるのに役立ったと考えています。構成主義を理解できたと思える時もあれば，実際には理解できていないと思える時もありますが，今までに会ったこともない子どもが現れて目の前にしゃがみこんだり，特に11学年の生徒である場合，彼らがどこからきて，今まで何をしてきたのか，いつもの調子ではうまくいかないのかを時間をかけて見いだす必要があることは明らかでした。彼らがもっている［知識］に基づいて進めていこうとすると，あのような場ではそれが必要なことはさらに明らかで，非常に大変なことで

あることが分かり……そう，これまでは教室では多くの方法を
とってもまったく理解できなかったことでした……。

(3)（8〜12 学年に限らず）K-12 の生徒を指導するための幅広いスキル

　中等学校（8〜12 学年）の教員の研修を受けてきた受講者は皆，
すべての学年の生徒と共に活動して指導する体験から非常に多くの
ことを学んだと感じた。例えば，幼稚園から高校までの子どもの認
知面と行動面での発達に関する直接的な知識を得ることができ，異
年齢が集まるグループではどの教育方略が最適であるかについて学
ぶことができた。また，博物館訪問前と訪問後の活動を開発するな
かで，初等カリキュラム（K-7）を点検して検討する機会を高く評
価した。彼らは中等学校の生徒のバックグラウンドとそれ以前の学
校の体験をより明確に理解できるようになったことから，中等学校
の教員としての自分たちにとって小学校の児童と活動することで得
たスキルがいかに役立ったかを語った。

　私たちにとって小学校の生徒と出会うことはきわめて大きなメ
リットであったと，私は考えています。中等学校の教員は皆，
入学前の生徒について知る必要があるため，小学校の生徒との
経験をもつべきだと考えます。私が得た重要なことの一つは，
幼稚園から 11 学年の生徒までの心理学について多くを学習し
たことです。特に，これまで幼稚園から 7 学年までの生徒に出
会うことがなかったので，学ぶことが多かったです。

（4）柔軟に対応する教育スキルの広がりと，さまざまな教育テクニックを試そうとする自主性の増大

　受講者は，博物館教育の場のダイナミックで際立った特徴によって，柔軟に指導するスキルを習得できたと述べた。彼らによれば，博物館では，学校見学で訪れる生徒たちの関心にも，彼らの博物館の展示への反応にも応えられる方法で指導する機会を得ることができたとのことである。さらに，受講者は，博物館でさまざまな教育テクニックを使ってみようという自由な気持ちを強くもつようになった。彼らは博物館実習の期間中に，同じプログラムを複数回教えたため，教育方略を試してみて，来館するさまざまな生徒たちにコンセプトを指導するのに最適な指導テクニックを見いだすことができた。

　　　水族館は，柔軟に対応する教育方法について私が感じ始めた安心感を強めてくれました。なぜならそこでは柔軟に対応しなければならないから。自分で考えて柔軟でいるという能力は，私が博物館実習で手にする本当に優れたスキルになっていくでしょう。

　　　博物館では，教室で本当に実施してみたいと思う［教育方法の］実験といったものを試してみることができるし，何か別のことがうまくいくかを試してみることもできる……学校の実践では残念なことに何かがうまくいかなかった場合は，それをもう一度試してみることはできません。

（5）協力して仕事をすることの価値についてのより深い理解

　受講者は，博物館には協力する場面が多いという特徴は，自分たちの教師としての職業への理解を深めることに非常に役立ったと述べた。彼らは指導体験について共に議論して考察する博物館実習の機会を通して，指導と教育について絶えず学び続けた。受講者は，互いに，そして多くのミュージアム・エデュケータと共に密に連携して仕事する機会を価値あるものとして捉え，学校で見てきたことと博物館での共同作業とのレベルと性質の違いを述べた。

　　私たち自身の指導についてより多く考察できるようになった別の要因は，実習教員 1 名に学校教員（学校側のクラス担当教員）1 名がついて 180 名の子どもたちに見学しなさいと単に送り出すわけではなく，私たちがグループで一緒に過ごしたことです。実習中に起きたことや，このインフォーマルな場で起きていることを考えてみると，私たちは指導実践にかなりの時間をかけてきたと思います。教育について熱心に話し合い，どのようにしたらよりよい教師になれるかを考える雰囲気の中にいたのです。

（6）教師としての自信と自己効力感の獲得

　私たちは，受講者が博物館での実習体験のコースを通して，指導して然るべき教育的判断ができる能力に関して自信をもつようになったことを見てとった。この自信の大きさには個人差があったが，自信と自己効力感が目覚ましく深く変容したケースがいくつかあった。これらのケースでは，博物館実習は，それまでに学校の教室での実践で経験した職業面での葛藤と個人的な葛藤を克服するの

に役立ったことを，受講者が明確に認識できた。

> 彼らは私たちを4カ月間あるいはその後もずっと，学生としてではなく教師であるかのように扱ってくれました。この1週間もそうでした。学習のセッションに参加している間も，このように接してもらうことで本当に多くのアイディアを生むことができました。

> 私は自分の指導能力と指導方法に一層の自信をもつことができたことにも気づきました……生徒たちの前で自己主張することにも変化が現れました。これはおそらく，私が関わったのがより若いグループであり，実習の最初のパートで本当に苦労したことでした。私は自分には教師であるために必要なリーダーシップがあることに気づき，本当に嬉しく思っています。

2.5　結論

　本章では，これまで十分に評価されてこなかったが，エデュケータ志望者が効果的なエデュケータになるためのスキルと「教育の術」を学習できる場として博物館がもつ価値と可能性と力を明らかにして，説明しようとした。カナダのブリティシュ・コロンビア大学とパートナーシップを結んだバンクーバー市内の博物館との2件の大学のプログラムをケース・スタディし，博物館には実際に社会に貢献できる効果的で高度なスキルをもったエデュケータを養成する環境として役立つ可能性があることを明らかにした。

MMEd プログラムを受講した大学院生にとっての博物館実習体験のケース・スタディでは，理論を実践に適用することについて深く理解して認識するために，博物館という場での直接的な体験がもつ注目すべき力と重要性が明らかになった。博物館教育担当職員と実践する 120 時間の現場体験によって，博物館教育の背後にある原理は来館者の学習プロセスをきわめて強化できることを，おそらく教育理論を大学で学ぶコースだけでは得られない方法で，深く理解できるようになったことは明らかであると思われる。さらに，現場体験を経てエデュケータとして個人的に成長することで，来館者の学習方法と，来館者のアイデンティティが学習に与える重要な影響力について，かなり深く理解できるようになった。加えて，来館者の体験の社会的な側面と来館者の個人的な目標課題がその後に起こる学習の成果に影響する重要な役割について理解できたことは，現場体験が大学院生にもたらした主要な変容といえる。

　博物館における学習（と教育的実践）がもつ特質により，実物や人工物とその意味だけではなく，展示内容を媒介する博物館と，学習者としての来館者の双方にも注目する認識論が必要であると大学院生が理解できるようになったことは意義深い。言い換えれば，学習の諸要素のなかで来館者を考慮せずに，博物館の展示物や展示にだけ焦点を当てていては，教育方法として破綻し，博物館における豊かで意味ある学習を十分にサポートできない。博物館とは来館者が自由に質問したり話したり，ほかの人と意見交換できる「自由な」学習環境であるという考え方と併せて，このように考えられるようになると，博物館教育を単なる技術的なスキルを集めたものではなく，「術」として深く理解するエデュケータとなる素地ができる。そして，教師としての個人的なアイデンティティが，教師であり学

習者でもあるというアイデンティティに変容するという，謙虚にならざるを得ない体験が，すべての大学院生にとって，博物館教育の分野で仕事を始める際に大いに役立つきわめて重要な成果であった。

　教員養成プログラム受講者向けの博物館実習のケースでは，教員養成プログラムを再構成して実習体験を教室以外の場にも組み込める可能性と，指導方法を学習する場としての博物館の力を説明した。博物館実習は，受講者が教室の狭い境界を超えて指導についての総体的な見解をもてるようになるのに確実に役立ったことは間違いない。彼らは中等教育レベルでの指導テクニックを向上させただけでなく，小学生の指導について理解してそのスキルを獲得することもできた。博物館教育の状況はダイナミックで変化しているため，受講者はきわめて柔軟に教育方法を変えて，学習環境に適切に反応していかねばならない。

　博物館職員の熱意とサポートも含め，博物館における指導と学習の環境は，受講者の教師としての確かなアイデンティティと自己効力感を高めるのに役立ったようである。彼らは，博物館で教育プログラムを実行してカリキュラムや教育資源をデザインすることに関わることで，大学の教員養成の授業で聞いたことのある学習理論の価値について考察し確認できるようになった。博物館で指導にあたると，構成主義の学習理論の原理が実際に働くのを見て体験できた。この学習環境では，理解が構成されていく個人的な様相も社会的な様相も明らかになった。最後に述べるが，受講者は自分たちの教育方法と教育理念について一緒に議論し考察した。一方で，受講者たちはこのプロセスを通して，指導の専門性を発展させるためには共同作業が重要であることに気づくことにもなった。受講者同士

の相互作用とほかのミュージアム・エデュケータとの相互作用によって，受講者は共同して指導する手順のスキルを開発したり，このような手順の価値と効力を再認識するようになった。

　２つのグループを比較することが本章の目的ではなかったが，同じような種類の現場体験に同程度の時間（120時間，３週間）取り組んだ MMEd プログラム受講者と BEd プログラム受講者への面接調査のデータから明らかになったテーマについて比較すると，博物館実習の異なるインパクトが示されたことは興味深い。おそらく，これは（ミュージアム・エデュケータと教員養成プログラム受講者という）アイデンティティと，（幼稚園生から年配の来館者，個人から家族までのグループと，K-12 の学校見学のグループという）実践を行った対象グループの違いによる。それにもかかわらず，面接調査のデータから明らかになった２グループでの共通点は，参加者が博物館実習の結果として，よりよいエデュケータになるプロセスを経験したことである。つまり，スキルを身につけた専門職としてのエデュケータを輩出する場所として，博物館のもつ価値が過小評価されてきたことが強調されることになった。

　２つのケース・スタディを総体的に点検すると，エデュケータになるための場所としての博物館のもつ力が過小評価されてきただけでなく，博物館と大学がパートナーシップを結ぶ可能性が十分に理解されていなかったことも明らかになった。ブリティッシュ・コロンビア大学では，バンクーバー市内外の博物館から非常に歓迎されてよい協力関係を結んでいる。このパートナーシップは大学と大学院生・受講者だけではなく，博物館にも恩恵を与える。博物館はこのようなパートナーシップによって，次世代のミュージアム・エデュケータと K-12 教員の姿勢と教育方法に確実に影響を与え，新

たな専門知識の資源を得て教育プログラムと教育資源を再開発し，認知度をアップさせ，博物館が組み込まれているコミュニティでその一員としてのさらなるインパクトを示すことができるのである。

引用参考文献・注

１：博物館には自然史系博物館と歴史系博物館，美術館，動物園，サイエンスセンター，植物園，水族館が含まれる。

２：Anderson, D., "Recognizing the significance of the professional museum educator in todays' museum institutions," *Bulletin of Japan Museum Management Academy*, 17(1), 2013, p.10-15.（湯浅万紀子訳「今日の博物館における専門職員としてのミュージアム・エデュケータの重要性」『日本ミュージアム・マネージメント学会研究紀要』17，2013，p.3-9.）

３：Hein, G., "The role of museums in society: Education and social action," *Curator*, 48(4), 2005, p.357-363.

４：Anderson, D., 前掲書２，p.10（翻訳 p.3）.

５：Hooper-Greenhill, E., *Museum and gallery education*. Leicester, England：Leicester University Press, 1991.

６：Hein, G., "Progressive education and museum education," *Journal of Museum Education*, 31(3), 2006, p.161-174.

７：Hooper-Greenhill, E., 前掲書５；Tran, L., & King, H., "The professionalization of museum educators：The case of science museums," *Museum Management and Curatorship*, 22(2), 2007, p.131-149.

８：Anderson, D., 前掲書２.

９：Bailey, E. B., "Researching museum educators' perceptions of their roles, identity, and practice," *Journal of Museum Education*, 31 (3), 2006, p.175-198.

10：Henry, B., "The educator at the crossroads of institutional change," *Journal of Museum Education*, 31(3), 2006, p.223-232.

11：Roberts, L. C., *From knowledge to narrative*：*Educators and the changing museum*, Washington, DC：Smithsonian Institution Press, 1997.；Bitgood, S., Beverly S., & Thompson, D., The impact of informal education on visitors to museums. In V. Crane, M. Chen, S. Bitgood, B. Serrell, D.

Thompson, H. Nicholson, F. Weiss, & P. Campbell (Eds.), *Informal science learning : What the research says about television, science museums, and community-based projects*, Dedham, MA : Research Communications, 1994.

12 : AAM. (2014). http://aam-us.org/about-museums/museum-facts

13 : IMLS, *True needs, true pantuers : Museums serving schools*. Washington DC : IMLS, 2002.

14 : Anderson, D., Piscitelli, B., Weier, K., Everett, M., & Tayler, C., "Children's museum experiences : Identifying powerful mediators of learning," *Curator*, 45(3), 2002, p.213-231.

15 : Kotler, N., & Kotler, P., "Can museums be all things to all people? : Missions, goals, and marketing's role," *Museum Management and Curatorship*, 18(3), 2000, p.271-287.

16 : Hooper-Greenhill, E., *Museums and education : Purpose, pedagogy, performance*, New York : Taylor & Francis, 2007.

17 : Hoban, G. (Ed.), *The missing link in teacher education design : Developing a multi-linked conceptual framework*, Dordrecht, Netherlands : Springer, 2005.

18 : McIntosh, L., *Museum educators teaching other to teach. Unpublished Doctoral dissertation*, University of British Columbia, Vancouver, Canada, 2011, https://circle.ubc.ca/bitstream/handle/2429/35396/ubc_2011_fall_mcintosh_lisa.pdf?sequence=1, (accessed 2017-03-24).

19 : Tran, L.U., "Teaching science in museums : the pedagogy and goals of museum educators," *Science Education*, 91, 2007, p.278-297.

20 : McIntosh, L, 前掲書 18, p.31. https://circle.ubc.ca/bitstream/handle/2429/35396/ubc_2011_fall_mcintosh_lisa.pdf?sequence=1, (accessed 2017-03-24).

21 : Merriam, S. B., *Qualitative research and case study applications in education*, San Francisco : Jossey-Bass, 1998. ; Stake, R. E., *The art of case study research*, Thousand Oaks, CA : Sage, 1995.

22 : Strauss, A., & Corbin, J., *Basics of qualitative research : Techniques and procedures for developing grounded theory* (2nd ed.), Thousand Oaks, CA : Sage, 1998.

23 : 記念館などある種の博物館では静寂が求められ，会場の会話は不適切であることは，広く認められている。

24 : Darling-Hammond, L., *Powerful teacher education : Lessons from*

exemplary programs, San Francisco：John Wiley & Sons, Inc, 2006.；Darling-Hammond, L., Educating teachers for the next century：Rethinking practice and policy. In G. Griffin（Ed.）, *The education of teachers：98th NSSE Yearbook*, Part 1, 1999, p. 221-255.：Chin, C., "Museum experiences-A resource for science teacher education," *International Journal of Science and Mathematics Education*, 2, 2004, p.63-90.；Feiman-Nemser, S., "From preparation to practice：Designing a continuum to strengthen and sustain teaching," *Teachers College Record*, 103(6), 2001, p.1013-1055.；Korthagen, F. A., Kessels, J., Koster, B., Lagerwerf, B., & Wubbels, T., *Linking practice and theory：The pedagogy of realistic teacher education*,　Mahwah, N. J.：Lawrence Erlbaum Associates.；McGinnis, R., Hestness, E., Riedinger, K., Katz, P., Marbach-Ad, G., & Dai., A., In B. Fraser, K. Tobin & C. McRobbie（Eds.）, *The Second International Handbook on Science Education*, New York：Springer Publishers, 2012, p.1097-1108.

25：Metz, D., "Field based learning in science：Animating a museum experience," *Teaching Education*, 16(2), 2005, p.165-173.

26：Jung, M. L., & Tonso, K. L., "Elementary preservice teachers learning to teach science in science museums and nature centers：A novel program's impact on science knowledge, science pedagogy, and confidence teaching," *Journal of Elementary Science Education*, 18(1), 2006, p.15-31.；Furlong, J., "School mentors and university tutors：Lessons from the English experiment," *Theory into Practice*, 39(1), 2000, p.12-20.

27：Anderson, D., Lawson, B., & Mayer-Smith, J., "The impact of extended practicum experiences in a marine science centre," *Teaching Education*, 17(4), 2006, p.341-353.

28：Jung, M. L., & Tonso, K. L., 前掲書 26, p.15-31.

29：David, C., & Matthews, B., "The teacher internship program for science（TIPS）：A successful museum-school partnership," *Journal of Elementary Science Education*, 7(1), 2005, p.16-28.

30：Chin, C-C., & Tuan, H-L., "Using a museum setting to enhance preservice science teachers' reflection on their student teaching in a methods course," *Paper presented at the Annual Meeting of the National Association for Research in Science Teaching*, New Orleans, LA, 2000.

31：Neathery, M.F., "Informal learning in experiential settings," *Journal of Elementary Education*, 10(2), 1998, p.36-49.

32：Middlebrooks, S., *Preparing tomorrow' s teachers : Preservice partnerships between science museums and colleges*, Washington DC：Association of Science and Technology Centres, 1999.

33：同上，p.5.

34：同上，p.73.

35：同上，p.8.

36：カナダのブリティッシュ・コロンビアにおける中等教育は8～12学年，初等教育は1～7学年である。

37：Merriam, S. B., 前掲書 21；Stake, R. E., 前掲書 21.

38：Stake, R. E., 前掲書 21；Strauss, A., & Corbin, J., 前掲書 22.

92

The role of the museums as sites for learning how to teach and change educational practices

Introduction

Museums[i], as an integral part of the community in societies across the globe, serve as; the repositories and trustees of cultural and historical wealth; institutions of research; destinations of leisure; and sites of education experience for tourists, local members of the community, families and school groups. Indeed, museums are institutions of both education and learning in service of society, that is, they are sites where educational experiences are designed, mediated and facilitated, and also places where visitors learn.

The focus of this chapter is on the latter role – that of the museum as the facilitator of educational experiences, and, in particular, the underappreciated value, capacity and power of these institutions as places where those who aspire to become educators can learn the "art of education" and the skills to become effective educators. Museums rarely conceive of themselves as places that afford opportunities to learn how to become an effective educator. Rather, most people in the museum field conceive of their primary role as being the repositories of cultural wealth, and perhaps secondary, as places of scholarly research. However, through the exploration of the cases of two academic programs at the University of British Columbia, Canada, and their collaborative partnerships with museums in the city of Vancouver, this chapter will explore and reveal the considerable power of museums as environments for producing effective and highly skilled educators to the benefit of society.

2. 1 The Educational Role of the Museum

In a recent article in the *Bulletin of Japan Museum Management Academy* (JMMA), I argued that "education" has become one of the major functions of the modern museum(Anderson, 2013). This notion is supported by George Hein, a noted American scholar in the field of Education, who has frequently asserted throughout his scholarship and commentary on museums, that the primary function of museums is one of education. *"Museum education is at the center of museum activities. Museums are primarily educational institutions; what makes them public institutions for the preservation of culture is their educational work."*(Hein, 2005, p. 357).

As I discussed in the 2013 JMMA article, this valid assertion implies that there is little point in collecting and conserving objects whose values and meanings are not communicated and interpreted back to the members of societies who do(or should)deem them to be of importance and significance. Thus, Hein's assertion that "education is at the center of museum activity" is indeed highly defensible(Anderson, 2013, p. 10). Given that museums are educational institutions, it is reasonable to give thought to "who" within the museum is mediating the experiences that are educational and for "whom" those experiences are directed or intended.

The issue of who within the museum institution is responsible for mediating educational experiences is complex and is contextually bound, in that it depends on the type of museum institution and its discipline focus, but also the national jurisdiction in which the museum is located. Most countries have their own unique history(ies)of museum development, educational philosophy, and cultural values, which all have a bearing on who is responsible for education within the museum. Traditionally, in many natural and social history museums, for example, this role might fall to the "curator" or "curatorial staff". Hooper–Greenhill(1991)suggests that originally, museum curators were given the task of educating the public, but this was only secondary to their primary responsibility which centered on the conservation of museum objects and collections. Hein(2006)suggests that at the turn of the 20th century, separate staff members were employed to take on the museums' educational duties that were often recruited from the school teaching profession and modelled their practice after such formal educational pedagogical traditions. However, over the ensuing decades, museum education developed into a distinct occupation(Hooper–Greenhill, 1991; Tran & King, 2007), which is now becoming increasingly diverse in its professional expressions with changes in technologies and the ways people access information. As the boundaries which once separated museums from other recreational and educational organizations blur, and their role and function as places of education in society increase, so too does the need for skilled professionals who understand the nature of education in these kinds of settings.

As I have previously asserted(Anderson, 2013), the term "museum educators" is gaining increased usage in North America and elsewhere within the museum profession. The term is also often employed to describe museum professionals who take on diverse set of responsibilities and who are trained or skilled to understand the nature of educational practice. The term is used to describe, but not limited to, those who develop, coordinate, implement and manage programs for school groups, families, teachers, and the general public(Bailey, 2006). In addition, "museum educators" might include professional designations which involve the creation, development and nurturing of relationships with community groups in order to foster accessibility and usage of museums, as well as to enhance the relevancy and inclusiveness of the people they serve(Henry, 2006). Further, museum educators might contribute to conceptualization, design and development of programs and exhibitions(Roberts, 1997; Bitgood, Serrell, & Thompson, 1994). These represent just some examples of their possible roles and responsibilities. The roles of museum educator may not necessarily be conceived as being that of a "teacher" in the traditional sense–one who is a front and center to the audience and the orator of knowledge. Rather, their roles might also be behind the scenes(in non–public spaces), as developer and programmer and their educational impact felt in gallery in absence of human presence.

2. 2 The Museum Educator and the K–12 Teacher

In many developed countries there is a strong valuing, appreciation and use of museum as important venues that support formal K–12 education and their mandated curriculums. Consider the situation in the United States for example; according to the American Alliance of Museums, museums in the US "*… receive approximately 55 million visits each year from students in school groups, and … help teach the state, local, or core curriculum, tailoring their programs in math, science, art, literacy, language arts, history, civics and government, economics and financial literacy, geography, and social studies.*"(AAM, 2014). Furthermore, Institute of Museum and Library Services reported that in the US "*Museums provide more than 18 million instructional hours each year for guided tours for students, staff visits to schools, school outreach through science vans and other traveling exhibits, and professional development for teachers*"(IMLS, 2002). Skilled museum educators, who work on the staffs of thousands of museums in the US and elsewhere around the world, play a central role and make possible such support for formal K–12 education systems and their benefactors–the classroom teachers and students of societies where the museums are vital community members.

I would also argue that, in the case of K–12 school group visitors, the educational experience should also be rightly mediated not only by museums educator(either directly or indirectly), by also by the school teacher. In this sense, both the museum educator and the teacher are the co–facilitators of educational experiences for visiting students. However, K–12 Teachers are professional educators whose skill sets and training maybe be argued to be narrowly bound within the confines of a particular mandated curriculum and formal education. Teachers, around the world, are not often trained or educated within their university teacher–trainee programs to know how to effectively practice the art of education outside the bounds of the classroom environment. I would further argue that becoming an effective teacher practitioner requires experience as an educator in contexts beyond the limited confines of school–based classrooms. To become fluent in the "Art of Education" requires a much broader skill set than classroom–based mediation of learning experiences alone.

It is with this premise and assumption that I explore the considerable power of museums as environments for producing effective and highly skilled educators to the benefit of society. The professional development and credentialing of two kinds of educators are explored–Museum Educators and K–12 School Teacher–within the bounds of two different academic programs at the University of British Columbia, and their collaborative partnerships with museums. Firstly, the professional development of "Museum Educators" will be explored through the case of the Graduate level students practice within the *Masters of Museum Education* (MMEd) degree program. Secondly, the professional development and training of certified "K–12 School Teachers" will be examined though the case of a practicum teaching program hosted and facilitated in local museums as part of the Bachelor of Education degree program.

2. 3 Case #1–Developing Museum Educators in the MMEd Degree program

In North America in recent years there has been the emergence and rise of the professional graduate degree program focusing on Museum Education as a discipline. For example, George Washington University's Master of Arts (MA) in teaching in museum education, Tufts University's Master of Arts (MA) in Museum Education, and the University of British Columbia's Masters of Museum Education(MMEd)–philosophically oriented toward the professional accreditation of museum professionals in the field of Education.

UBC's MMEd is a one–year intensive, full–time, or two and one–half year part–time, graduate degree program focusing on the study of education and learning that occurs in broad diversity of museums and other informal learning contexts. It is different from *Museum Studies* programs in that it focuses purely on the scholarly study of education as a discipline, and not on curatorial practices such as conservation and preservation. As such, the program is intended for museum professionals, educators and those with an interest in using the community to support teaching and learning to further their thinking and scholarship around museums as sites of education and learning. The program aims to develop museum educators to become catalysts for different ways of thinking about the educational roles and potentials of museums and other informal learning sites, teaching and learning in museum settings as well as exploring new relationships between museums and the broader community.

As has been previously mentioned, museums serve a diverse range of groups such as families, children, school students, teenagers, young adults, and senior citizens. The MMEd program explores the nature of these diverse audiences as learners. Moreover, one of the major emphases of the program is to wrestle with the significant and complex issues about how museum institutions communicate, interpret, and ultimately educate visitors in effective ways, and challenge the adage that one kind of communicative or interpretive approach suits all. At the heart of the issue is the "pedagogy of the museum" – how the museum approaches the educational design of experiences for effective learning, and, with that, the need to think critically about the pedagogical approaches required for the diverse audiences museums serve(Anderson, et al., 2002). Indeed, the museum does have control over the pedagogy it deploys through the way it designs the educational experience of its programs and its exhibitions. Certainly, it is true that certain types of museums employ or are biased toward particular kinds of pedagogy. There is not a single pedagogical method which museums can employ for successfully facilitating visitors' museum experiences and their learning. Different types of museums will strive for different balances(Kotler & Kotler, 2000). For instance, interactive science centers encourage active hands–on and social engagement, whereas art galleries typically encourage thoughtful, often solitary, introspective, reflexive engagement with their collections. A great deal has been learned over the last few decades about visitor learning and educational practice in museum settings that can meaningfully inform pedagogy regardless of museum type or their traditions of visitor engagement(Hooper–Greenhill, 2007). Thinking critically about how museums serve a diverse citizenry, with a diversity of learning modes, interests, prior knowledge and visiting motivations, is challenging, but nonetheless, very important if they are to be effective in their educational missions and mandates.

Philosophically, the MMEd program recognises that the museum is not a "classroom" in the traditional school sense, but rather a unique learning environment where the "art of education" manifests and is practiced. The *art of education* is not merely a collection of technical skills. Rather, it is viewed more as a dynamic relationship(Hoban, 2005) that changes with the medium of the museum(exhibits and programming)and learners(the visitors). This view of education requires museum educators to learn and know more than a collection of techniques and rules to apply them effectively. It requires educators to make informed judgements with a theoretical basis and to constantly assess changes in the dynamic of the learning environment. Learning to teach in this view would include opportunities for new educators to think about the visitor learning experience and to help them understand the connections between medium of the museum and the visitors themselves. It is these kinds of issues that are subject of focus and study of graduate students within the MMEd program.

2. 3. 1 Educational Practice Review of the Literature around Developing Museum Educators

Research studies that deal with the impact or outcomes of Museum Education programs on their graduates' understandings and practice of education are non-existent in the literature. This may be in part because such programs are relatively new offering in suite of academic programs available in the world today. However, there do exist some studies that have examined how Museums themselves provide for the training of museum education professionals via the practice of "in-house" training, that is, the training of educators within the bound of museum practice in an immersive or "on-the-job enculturation".

A recent doctoral dissertation by McIntosh(2011), suggests that many museum professionals learn the art of education on the job and through enculturation and mentoring, acquiring their professional skills through "craft wisdom". Such approaches to the development of museums education professionals have both their strength and weaknesses. Certainly, it can be argued that immersive approaches ground the practitioner and permit the rapid development of skills relevant to the specific roles. Other examples of museum teaching as craft and art are evident in the museum education literature. Tran(2007)found that museum educators were adept at modifying technical aspects of their teaching such as timing for workshops and classroom management. Any teaching, in a museum or a classroom, requires the teacher to make judgements daily, whether the judgements are deliberated over or hidden as a result of years of routine. Here too there is little research to guide understanding of how museum educators teach in museum settings. As McIntosh(2011)asserts, *"How museum educators contemplate and act on these judgements will shape teaching interactions, both present and future. Interest in research into teaching in museums is increasing, but it is still somewhat limited."*(p.31).

With this premise and limitation in mind, the MMEd program undertook self-evaluation with the purpose of investigating the impact of the field experience components of the program on graduate students' understandings of education and learning in museum and their developing identities as museum educators.

2. 3. 2 Nature of the MMEd Program and Museum Field Experience

A component of the studies with the MMEd is "Museum Field Experience" in which graduate students participate in 120 hours of practical experience in museum settings of their own interest and discipline specialization. Because, the MMEd is a graduate program open to all subject specializations, it attracts people from the sciences, arts, social studies, and humanities disciplines. As such, graduate students opt to undertake their field experience in a number of museums in city of Vancouver who partner with the MMEd program including:

Vancouver Aquarium,	http://www.vanaqua.org/,
Science World British Columbia	http://www.scienceworld.ca/,
Vancouver Art Gallery	http://www.vanartgallery.bc.ca/,
Morris and Helen Belkin Art Gallery	http://belkin.ubc.ca/,
Museum of Anthropology	http://moa.ubc.ca/,
The Beaty Biodiversity Museum	http://www.beatymuseum.ubc.ca/,
UBC Botanic Gardens	http://www.botanicalgarden.ubc.ca/,
The BC Sports Hall of Fame	http://www.bcsportshalloffame.com/,
BC Agriculture Museum	http://bcfma.com/,
The Jewish Museum and Archives of BC	http://www.jewishmuseum.ca/ and,
Museum of Vancouver	http://www.museumofvancouver.ca/

During the course of the 120 hour field placement, each graduate student worked within their assigned museums' department of education, educational outreach, or visitor service department depending on the museum type. Here, they were involved in a wide diversity of tasks including, in–gallery teaching; leading tour groups; developing new educational programs for diverse audiences; conceptualization, design and development of exhibitions; community liaison; evaluation of exhibition and programs; and so forth. They did these tasks in conjunction with the museum staff and museum teams as part of the normal day to day function and operation of the museum itself. Further, the field experience component of the MMEd program was situated about two–thirds into the program, and as such they were readily able to apply much of the museum education theory they were exposed as part of their university studies to the museum environment in practical ways.

Figure 1 & 2–Student Museum Educators at the The Beaty Biodiversity Museum and the Vancouver Aquarium

Figure 1   *Figure 2*

2. 3. 3 Research Approach

The research approach employed to investigate the impact of the museum field experience was classified as a qualitative, interpretive case study(Merriam, 1998; Stake, 1995)involving 17 graduate students who had completed their museum field experience. The study sought to understand the impact of the 120 hours of completed field experience on MMEd graduate students participants in the 2013 academic year. This kind of qualitative research seeks to provide rich description of the experiences of the participants, and to generalize conceptually the nature of experiences. At the conclusion of their field experience students were interviewed individually to ascertain the impact of their experience on their conceptions of education and identities as educators. Transcripts of each interview were coded for emergent themes. The themes were manifestations of the impact of the practicum across the participants(Stake, 1995; Strauss & Corbin, 1988). The final interpretations resulted in seven themes.

2. 3. 4　The Impact of Museum Field Experience for MMEd Students

The outcomes of the investigation of the impact of the museum field experience on graduate students' understandings of education and learning in museum and their developing identities as museum educators are reported in following seven themes. All seven themes, as discerned impacts emergent from the data analysis, were common to the majority of the 17 graduate students.

(1)　Rich understandings of how visitors learn in museums

Graduate students developed a rich and detailed understanding of how visitors learn in the museum environment, and in particular, the notions that visitors bring with them experiences and prior knowledge which influences how they behave and how they learn in the museum galleries. These common understandings are represented in the following excerpt.

> *The field experience allowed me to deeply understand that principles behind museum education can vitally empower visitors' learning processes. Visitors come to museum with different prior knowledge which influence their interests and what they attend to in the museum. Also, they continue their learning experience after exiting the museum. Consequently, learning in museums should not be a "product" that we just want to give to the visitors; it should be a process in which the museums play different roles to different*

visitors at different stages of learning, and with each return visit.

Further, students came to appreciate that "museums play different role to different visitors at different stages of learning" – This idea points to profound appreciation that museums are not merely one–off visits during which one acquires all there is to know from the museum. Rather, they ought to be considered multi–visit destination from which multiple learning outcomes can be realized with each visit and return visit. This speaks to the rich potential of museums as sites for visitor learning.

(2) Appreciation of visitor identity to effectively communicate museum messages

An appreciation of the different learning needs of various kinds of museum visitors, as audience demographic, was a commonly expressed impact of the field experience. Indeed, appreciating notion that one style of mediation, from programs or exhibits, may not necessarily suit the learning needs of all types of visitor demographics was a common revelation to the graduate students. All students came away from their field experiences with new and profound transformations in their appreciations of different kinds of museum demographics and how to mediate messages for various visitor identities–the young, family groups, school groups, and senior citizens.

Overall, the biggest learning has been having the experience of working through challenges associated to teaching and learning on the ground, or in a practical setting – I now have a deep appreciation of how to translate diverse visitor's learning outcomes from all kind of audiences, the young and the old, into real–life museum experience exhibits, objects, posters for wide and diverse audiences. Each kind of visitor demographic is different–the way older visitors learn are not the same as younger visitors – so we need to understand "who" visitors are in term of their identities in order to effectively communicate our museum messages.

(3) Understanding of the learning dynamic between museum medium and visitor

The role of the museum in communicating its content and messages are not simply a matter of the transmission or portrayal of information about science, history, art, or culture – It is much more complex, and requires an epistemology of learning that focuses not just on the object or artifact and its meaning, but rather on both the museum as the mediator of content and on the visitor as learner. These new found understandings are aptly expressed by experience of one of the foreign students(a Chinese national)in the MMEd program:

> *I have come to believe that the best teaching is nurturing – deeply understanding the visitor that come to our museum. At the beginning, my practice as an educator in the museum used the transmission–oriented approach – "just tell them the information"–I used to think that this was the best teaching method. It was what we were exposed to in schools in China, focusing on content to be taught rather than the students as learners. The field experience has kept me challenging myself to apply nurturing into my teaching in museums in the future to understand the need to focus on the visitor and not just on the content. Both are required – understanding of the content of the museum, but also knowledge of the visitors themselves.*

(4) The power of social experience on learning in museums

All students developed deep understandings and appreciations of the importance of personal engagement with visitors in the museum on promoting learning. This speaks to importance of being exposed directly to those whom the museum serves – the visiting public.

I came to appreciate that educational practice in museums allows for an innate flexibility and remains open to the interactions between strangers(visitors)in a setting where the "life" of the exhibition can depend on these communications. The experience helped me to deeply understand how to develop educational experiences specifically in such informal settings. I learned how to interact with visitors, how to ask questions can promote their thinking, and the importance of engaging with my visitors. My field experience helped me to validate the inherently personal meanings each visitor takes away from any museum experience whether it was intended to be educational or not.

Moreover, understandings of the importance of the social dynamic that exists between visitors sharing the museum experiences on learning in the museum was prevalent among the students' reported outcomes from the field experience. Inherent in the excerpt below is the important notion that learning outcomes from museum are not only about the museum content portrayed; for example, museum can afford significant learning outcomes such as the development of social skills and moral reasoning for younger visitors.

I now understand the Museum learning environment also helps people to communicate between different generations. The intergenerational interactions affect the quality of life and benefit multiple generations and such intergenerational interactions could enhance individual's social skills and moral reasoning. Therefore, I believe that learning in museum benefits me through my whole life.

(5) The power of the emancipated environment on learning in the museum

Following on closely from the previous theme(#4)was the value and appreciation a number of students developed about notion of museum as an "emancipated" learning environment, in which visitors were free to question, talk, and exchange ideas with others. The excerpt below expresses this ideal goal of museum education, and that museums should strive to create and give permission to visitors express ideas freely in galleries[ii]. Such an emancipatory learning environment has the capacity to enrich the learning experience of museum visitors:

> *Education in museums is not only about information, but also about creating a free learning environment – To create a free talking environment for visitors; let them know that it is fine to have their interesting conversation with one another in the gallery in their normal voice – this had not been my previous conception before; now it is.*

(6) Visitor Agendas on learning in the museum

Students developed understandings of how visitors' agenda shape and influence the museum experience. The visitors, particularly in groups are a dynamically fluid entity which changes in their focus of attention on museum experience as a function of group interest and the individual needs of group members.

> *From my observation of the behaviors of the family groups, and my interaction with some of them in the Museum, the opinion that role of visitors' agendas in their learning aspect is remarkable is impressive in my mind. Therefore, understanding visitors' agendas is important in providing insights about learning experience in informal settings, particularly among family groups in the museum.*

(7) Museum educator identity-Teacher and learner

All graduate students had transformations in their identities as museum educators as a result of the field experience. Most students went into the experience feeling that their role was "teacher"; since they held views of themselves as "museum educators". However, the field experience was for many a somewhat humbling experience that presented numerous challenges, for which they had to become "learners" of on–the–job skill and, on many occasions confront the limitation of their own skill and knowledge of museum education practices.

> *I transferred my identity at my museum workplace from "a teacher" to "a learner and a teacher". The experience of being a learner benefits me to have a deep reflection on how to teach others to teach in museums. I felt the pressure of self–imposed expectation that I must know everything. But, in reality–you can't know everything. Even sometimes visitors ask you questions which you don't know the answers to, or you have to develop certain kinds of exhibits or program and you feel you don't know what you are doing. And, I realized in addition to being a teacher in the museum, I must also be a learner.*

2. 4 Case #2: Museums as Places to Support the Development of K–12 Teachers

In recent years there have been multiple calls in the academic world to reform university–based pre–service teacher education (Darling Hammond, 2006, 1999; Chin, 2004, Feiman-Nemser, 2001; Korthagen et al., 2001; McGinnis, Hestness, Riedinger, Katz, Marlach–Ad, & Dai, 2012). Metz (2005) suggests that pre-service teacher education programs need to be more collaborative with museums as a means of identifying practices that can enhance the skills sets of those training to become teachers. A number of the programs that have been developed provide strong evidence of the benefits of collaborations involving university and museum practicum schemes (Jung & Tonso, 2006; Furlong, 2000). Hence, there is increasing interest in exploring processes through which those training to become school teachers might become better and more effective educators and the role that museum contexts might play in teacher education.

In keeping with the sentiments of this appeal, the University of British Columbia's(UBC)Teacher Education Program partnered with the local museums in the city of Vancouver to develop an innovative practicum experience for teachers in training that sought to expand and re/form the traditional definitions of teacher education. The hope was to produce teacher graduate more fluent in the *art of education*. The discussion and reporting of this case is an affirmation and extension of a study reported by Anderson, Lawson and Mayer–Smith,(2006).

2. 4. 1 Review of the Literature around Museum Practicum in Teacher Education Programs

In the research literature there are a small number of studies exploring a variety of partnerships between teacher education programs and museums. For example, Jung and Tonso(2006)noted that pre–service teachers who participated and took part in science museum teaching experiences later reported plans for increased use of science activities in their classrooms. Furthermore, multiple and positive impacts were observed that critically shaped the pre–service teachers' skill sets, including:(1)science expertise was conveyed from museum staff to pre–service teachers;(2)misconceptions held by pre–service teachers could be corrected through consultation with museum staff;(3)pre–service teachers were able to practice using hands–on, inquiry–based teaching "which had been notably absent at their in–school practica to date";(4)pre–service teachers gained confidence in the non–threatening and cooperative atmosphere of the museum;(5)increased awareness of classroom resources and learning opportunities were offered by the museum;(6) opportunities for the multiple delivery of the same lesson provided for mastery experiences, reflective practices, and increased confidence; and, (7)science was brought to life for the pre-service teachers, improving the chances that they would help do the same for their own students.

Likewise, an early study by David and Matthews(2005)observed that pre-service teachers who took advantage of training offered at a science museum later reported an increased use of science activities in their classrooms, more than did pre-service teachers who did not attend the training. Chin and Tuan(2000)found that by including museum resources in science methods courses, pre-service teachers not only reported gains in their science knowledge, but that they also later incorporated the resources into their own classroom teaching. Neathery(1998)found that teachers provided with one or two day learning experiences at a number of different museums had a positive experience and reported gains in content knowledge that could be used in developing lesson plans.

In a survey of several pre-service partnerships between science museums and colleges, Middlebrooks(1999)considered the impacts of internship programs for pre-service teachers in different museums settings that ranged in length from a few days(workshops, field trips to a museum as part of a teaching methods class, volunteering for credit)to a few months(internships). She identified several significant and positive impacts emerging from the 12 different partnerships she reviewed including opportunities for:(1)working with children at various age levels; (2)observing multiple educators in their pedagogical practices; (3)practicing science teaching; (4)creating supportive networks among museum staff that will be available for them to draw upon when they start teaching. Middlebrooks(1999) states that internships seem to offer the most benefit to future teachers and attributes this to pre-service teachers being able to observe the museum from both behind-the-scenes and out front which "creates numerous opportunities to observe museum staff teaching and to try teaching science to individuals and groups of different ages and backgrounds"(p. 5). She goes on to describe museums as "positioned between college and classroom, or... between theory and practice" and as such capable of providing "safe and nurturing places for pre-service students to work on becoming teachers"(Middlebrooks, 1999, p. 73). In this way they gain "the experience, knowledge base, know-how, and allies that they need to be agents of change, prepared to create tomorrow's classrooms"(Middlebrooks, 1999, p. 8).

The literature discussed here illustrates the power of museum based practicum as an important opportunity for pre-service teachers to develop further their epistemologies and pedagogies of learning and teaching in ways that classroom-only practicum could not provide.

2. 4. 2 The Bachelor of Education Program at UBC and the Museum Practicum

Among the teacher education programs at UBC, there is currently a 12-month degree program that enables candidates holding Bachelors degree qualification in a discipline area (science, arts, social studies)to complete a Bachelor of Education degree in secondary school education[iii]. This program leads to certification as secondary teachers in the province of British Columbia, Canada. The practicum model within this degree program comprises two phases of classroom practicum experience-two weeks in the early stages of semester one, and thirteen weeks extended placement in semester two. The practicum experiences are designed to help students connect pedagogical theory with practice; provide teaching experiences that provide preparation for a career in teaching; encourage pre-service teachers to reflect systematically and analytically upon teaching in a professional and educational community(the school and classroom); and create opportunities to plan, implement and evaluate instruction.

The partnership with local museums was initiated in an attempt to re/form this traditional classroom-only model of extended practicum to one that consisted of a 10–week classroom placement followed by a 3 week teaching experience in the Museum setting. The rationales for this change were numerous. On the university side, there was a concern that practicum experiences offered in school–based settings were not in keeping with broader definitions of teacher education. Teacher education is about equipping educators with a wide range of skills that can be readily transferable across contexts, inside and outside of school settings. Such education and training should provide pre–service teachers exposure to and opportunities to practice in a wide array of learning environments–not just in classroom settings.

The institutional views of the museums were congruent with the university views. In addition, the museums saw the practicum partnership as an opportunity to 1)influence the next generation of teachers about how to effectively use the museum facility with their classes; 2)shape attitudes of beginning teachers; 3)propagate institutional messages such as, conservation and ecology, through pre–service teachers to multiple generations of students; 4)have an additional source of expertise to redevelop and influence programs and resource materials; and 5)increase visibility and demonstrate additional impact in the community. The local museums in the city of Vancouver that have partnered with UBC around museum practicum program are numerous and include for example:

Fort Langley National Historic Site	http://www.pc.gc.ca/lhn–nhs/bc/langley/index.aspx,
Fraser River Discovery Centre	http://www.fraserriverdiscovery.org/,
HR MacMillan Space Centre	http://www.spacecentre.ca/,
Science World British Columbia	http://www.scienceworld.ca/,
The Beaty Biodiversity Museum	http://www.beatymuseum.ubc.ca/,
UBC Museum of Anthropology	http://moa.ubc.ca/,
Vancouver Aquarium,	http://www.vanaqua.org/, and
Vancouver Art Gallery	http://www.vanartgallery.bc.ca/

2. 4. 3 Nature of the Museum Practicum

Pre-service teachers were assigned to partner museums as a function of their professional interests. During their three-week museum practicum pre-service teachers were involved in both teaching and developing materials for ten to thirteen curriculum-based school programs offered by each of the museums for K-12 students. The pre-service teachers began their practica by observing the school program coordinators and volunteers as they taught the programs. Pre-service teachers initially worked with a partner to team-teach one or two programs but within a few days each individual assumed responsibility for teaching one or more programs on their own. Teaching in the museum comprised multifarious activities, including:1)meeting, greeting, and organizing school groups, 2)introducing and concluding the program activities, and 3) teaching of the curricular elements and activities to the school groups. Additionally, 4)they participated in activities designed by the museum educational staff to model the hands-on, student-centred philosophy of education espoused by many of the museums.

During the third week of the museum practicum the pre-service teachers participated in designing and developing pre- and post-visit activities for the school programs that they had been teaching. This was undertaken at the request of the museum educational personnel who regarded the preservice teachers as knowledgeable and creative. Individual preservice teachers worked closely with the appropriate school program coordinators in this endeavour, and some worked collaboratively in pairs to discuss and develop the activities. The preservice teachers revised and produced new curricular materials and activities; they related the activities to both the objectives of the museum program and provincial prescribed learning outcomes(mandated curriculum)for specific grade levels in multiple curriculum areas. Throughout the three-week practicum the pre-service teachers met both formally and informally with each other and with the museum education staff members to discuss and reflect upon their teaching experiences. These meetings served as discussion forums for the students to reflect upon their learning and development as teachers.

2. 4. 4 Research Approach

The research approach employed to investigate the impact of the museum practicum was very similar to the approach employed in study of impact of museum field experience with the MMEd graduate students–namely, a qualitative, interpretive case study(Merriam, 1998; Stake, 1995). Since the inaugural year of the museum practicum in 2005, hundreds of pre–service teachers have undertaken field experience in the partner museums. In 2006, Anderson, Lawson and Mayer–Smith reported the impact of pre–service teachers' practicum experience at the Vancouver Aquarium, and reported 10 emergent themes. The current study of the impact of museum practicum extends and confirms at least six of these previously reported themes. In total, 35 pre–service teachers who participated in the program across the years 2005 to 2009, contributed to the data base of the reported impact. At the conclusion of their field experience students were interviewed individually to ascertain the impact of their museum practicum on their conceptions of education and identities as educators. Transcripts of each interview were coded for emergent themes. The themes were manifestations of the impact of the practicum across the participants(Stake, 1995; Strauss & Corbin, 1988). The final interpretations resulted in six themes.

2. 4. 5 The Outcomes and Benefits of Museum Practicum for K–12 Pre–service Teachers

Analysis of the data sets provided evidence of the influence of the practicum experience in the Museum on the participants. Based on the data analysis, six consistent themes that illustrate how pre-service teachers beneficially changed through their individual and collective participation in the practicum are evident. A common element among these six themes is the transformation of the preservice teachers' thinking about education, teaching, and learning.

(1) Broader views of education and the application of educational theory at play in the museum

The museum practicum offered the pre-service teachers the chance to look at education and teaching from a broader perspective. Several of the pre-service teachers were of the view that their initial experiences in their Bachelor of Education degree had been narrowly focused on teaching in the classroom. Pre-service teachers appreciated the opportunity to expand their thinking about education to other contexts, and to experience teaching and learning in out-of-school settings. Moreover, the pre-service teachers indicated that the Museum practicum provided them with an opportunity to think about the "big picture" in their teaching. They felt the Museum practicum challenged them to reflect on what is the most important to them in their teaching and on the educational theories espoused in their university courses applicable to learning in the museum.

> *I've felt a little bit that up until to this point that we've being doing a Bachelor of classroom teaching in the public education system as opposed to a Bachelor of Education and this is really opening doors. I find some of the really basic philosophies that we've been learning about are applicable in so many different settings and it's great to see a new setting... I think this has re-broadened my view of education. I think I came into the education program with a very broad view of what education is, and it became very narrow by just only being in the schools. I found this museum practicum great to broaden again, oh, education occurs in everything we do essentially.*

(2) Increased understandings of the educational theory

The pre-service teachers frequently asserted that in the museum they were able to see in use, and apply many of the educational principles that they had learned about from their educational theory classes. For several of the pre–service teachers this was their first opportunity to truly see the learning theory of constructivism in use.

> *I think being in that setting helped me to figure out a little bit more, in my own mind, kind of what constructivism is. Some days I think I understand it, other days I think I really don't, but having those kids just come in and plunk themselves in front of you when you've never met them before, and all of a sudden, especially with the grade elevens it was really obvious, you really needed to take the time to figure out where they were coming from, what they had done so far, or it was just not going to work kind of thing. And trying to build on their existing [knowledge], it just became so much more obvious in that setting, so much more pointed I found… Yeah, I never got it in a classroom setting in many ways…*

(3) Broader skills in teaching students from K-12 (not just grades 8 to 12)

The pre–service teachers, who were all training as secondary teacher(grades 8 to 12)felt they learned a great deal from their experience of working with and teaching students in all grades. For example, they gained first–hand knowledge about the cognitive and behavioural development of children from kindergarten to high school, and learned about what pedagogical strategies work best with the various age groups. They also valued the opportunity to examine and work with the elementary curriculum(K–7)while developing the pre– and post–visit activities. They spoke about how the skills they gained in working with elementary children would help them as secondary teachers because they now had a clearer understanding of secondary students' backgrounds and previous school experience.

I think it was a huge benefit to us to see elementary students... I think all secondary teachers should have experience with elementary because you need to know where they come from... One of the key things I gained was learning a lot about the psychology of kindergarten to grade elevens, especially kindergarten to grade seven because I hadn't ever seen that.

(4) Enhanced skills in flexible pedagogy and increased sense of autonomy to try different pedagogical techniques.

The pre-service teachers expressed that the dynamic and emergent nature of museum education setting helped them to develop skills in flexibility in their teaching. In their view, the Museum teaching experiences afforded them opportunities to teach in a manner that was responsive to both the interests of visiting school students, and their response to the Museum exhibits. Furthermore, the pre-service teachers felt more freedom to try out different pedagogical techniques in the museum. Because they taught the same museum program several times during the museum practicum they were able to experiment with their pedagogical strategies, and determine what teaching techniques worked best to teach different visiting students the concepts.

The aquarium only enhanced my budding comfort in flexible pedagogy, because you have to be flexible. So, the ability to think on your feet and be flexible is going to be really good skills that I'll take away from the museum practicum.

At the museum you can try the sort of [pedagogical] experimentation that you would really like to do in the classroom, try something else to see if it works, ... if something failed miserably on the school practicum, I couldn't try it again.

(5) Deeper appreciation for the value of working collaboratively

The pre-service teachers expressed that the collaborative nature of the museum setting contributed greatly to their professional development as teachers. They were engaged in continuous learning about teaching and education through the opportunities afforded to them in the museum practicum for joint discussion and reflection on their teaching experiences. The pre-service teachers valued the opportunity to work closely with one another and with the many museum educators and noted the contrast in the level and nature of collaboration at the museum with what they had seen in the school setting.

> *I think another thing that enabled us to do a lot more exploring [of] our own teaching was that we were together in a group, whereas it wasn't just one student teacher, one sponsor teacher [the host teacher responsible for the class], and 180 kids, go! [We] had time and kind of had invested a lot of time already practicing teaching, and now we were coming back and reflecting on what had happened in our practicum and what was happening in this informal setting. There was a real atmosphere that we were really interested in talking about education, exploring how we could become better teachers.*

(6) Gains in self-confidence and self-efficacy as teachers

We observed the cohort students gain confidence in their ability to teach and make sound educational judgments over the course of their practicum experiences at the museums. Although these gains varied in their magnitude, there were several notable and profound transformations in self confidence and self-efficacy. In these cases, the pre-service teachers were able to clearly identify that the museum practicum helped them to overcome some of the professional and personal struggles they had experienced in their classroom practica.

> *They were treating us like teachers, instead of being treated like students for four months, or forever. So for this past week we were being treated like teachers. Also the engaging learning sessions that we had that sort of gave me more ideas, just a lot more ideas.*

> *I have also noticed that I have gained more confidence in my teaching abilities and strategies... I have also noticed a change in my assertiveness with students. Perhaps this is due to the younger age groups that I was dealing with but regardless, this was something that I definitely struggled with in the first part of my practicum... I'm glad to know that I have it in me to be the leader that I need to be as a teacher.*

2. 5 Conclusions

In this chapter, I have attempted to reveal and describe the underappreciated value, capacity and power of museums as places where those who aspire to become educators can learn the "art of education" and the skills to become and effective educators. Through the exploration of the cases of two academic programs at the University of British Columbia, Canada, and their collaborative partnerships with museums in the city of Vancouver, it is evident the museums do in fact have the capacity to serve as environments for producing effective and highly skilled educators to the benefit of society.

The case of the museum field experience for graduate students in the Master of Museum Education program, illustrates the considerable power and importance of first hand experiences in museum settings to develop deep understandings and appreciations of application of theory to practice. It seemed evident that the 120 hours of field experience working in-situ with practicing museum education staff led to deeply understand that principles behind museum education can vitally empower visitors' learning processes— perhaps in ways that university-based theory course on education could not possibly achieve in isolation. Moreover, the personal development as educators through the field experience yielded considerably deep appreciations of how visitors learn and the critical influence of visitor identity on learning. In addition, appreciations of the vital role of the social dimensions of visitor experience and of their personal agendas influence on their subsequent learning outcomes were major transformations resulting from the field experience.

Significantly, the graduate students also came to understand that the nature of learning(and educational practice)in the museum requires an epistemology that focuses not just the object or artifact and its meaning, but rather on both the museum as the mediator of content and on the visitor as learner. In other words, focus on the museum object or exhibit alone to the segregation of the visitors in the learning equations is a bankrupt pedagogy and ill-equipped to support rich and meaning learning in museums. This conception together with the notion of museum as an "emancipated" learning environment, in which visitors were free to question, talk, and exchange ideas with others were the makings of educators who deeply appreciated museum education as an "art" – and not merely, a set of technical skills. Finally, the humbling experience of personal identity transformation from teacher to both teachers and learners was a critically important outcome for all graduate students that will stand them in good stead as they enter careers in the field of museum education.

The case of museums practicum for the development of pre-service teachers, illustrates the potential of remodeling pre-service teacher education programs to incorporate practica experiences that go beyond classroom settings and the power of museums as places to learn how to teach. The museum practicum undoubtedly contributed positively to the pre–service teachers gaining a holistic view of teaching that went beyond the narrow bounds of the classroom. They not only enhanced their techniques for teaching at the secondary school level but also acquired appreciation of, and skills in teaching elementary students. The dynamic and changing nature of the museum education context required the pre–service teachers to be highly flexible in their pedagogy and responsive to the learning environment.

The museum teaching and learning environment, including the enthusiasm and support of the staff, appeared instrumental in increasing their self–efficacy and positive identities as teachers. Involvement in program delivery and curriculum/resource design at the museums helped the pre–service teachers reflect on and identify the value of learning theories they had heard about in their university coursework in teacher education. As they taught in the context the pre–service teachers could see and experience the principles of constructivist learning theory at work–both the individual and social aspects of constructing understanding became apparent in this learning environment. Finally, the pre–service teachers' "learned about teaching" by working together to discuss and reflect upon their own pedagogy and educational philosophies. However, this process also helped them to realize the importance of collaboration with others for their professional development in teaching. The peer interaction, as well as interaction with other museum educators helped the participants to develop their skills in collaborative modalities of teaching, and to recognize the value and strengths of such modalities.

Although it was not the purpose of this Chapter to compare the two groups, it is interesting that MMEd and BEd students who both had similar practicum experiences at the similar kinds of venues and commitment time(120Hrs=3weeks), demonstrated different impact of museum practicum when compared to the two sets of themes that emerged from interview data. Possibly this was due to their different identities (as museum educators vs. pre–service school teachers) and different target groups they worked with (kindergarten to senior visitor, individual to family vs. K–12 school groups). Nonetheless, one commonality between those two sets of themes is that the participating students experienced the process of becoming better educators as a result of museum practicum, which was apparent from the data. And, thus emphasizes the under–estimated value of museums as places to produce skilled and professional educators.

A holistic examination of both case studies clearly demonstrates not only the under–appreciated power of museums as places to become educators, but also the under–appreciated potential of museum–university partnerships. The University of British Columbia enjoys tremendous good will and good working relationships with the museums in the city of Vancouver, and beyond. These working partnerships benefit the university and its students enrolled in degree programs, but also the museums themselves. Though such partnerships, museums positively influence the attitudes and pedagogies of the next generation of museum educators and K–12 teachers, benefit from additional source of expertise to redevelop and influence programs and resource materials, and increase visibility and demonstrate additional community impact as institutional citizen of the community in which they are embedded.

References

AAM. (2014). http://aam–us.org/about–museums/museum–facts

Anderson, D. (2013). Recognizing the significance of the professional museum educator in todays' museum institutions. *Bulletin of Japan Museum Management Academy*, 17(1), 3–15.

Anderson, D., Piscitelli, B., Weier, K., Everett, M., & Tayler, C. (2002). Children's museum experiences: Identifying powerful mediators of learning. *Curator*, 45(3), 213–231.

Anderson, D., Lawson, B., & Mayer–Smith, J. (2006). The impact of extended practicum experiences in a marine science centre. *Teaching Education*, 17(4), 341–353.

Bailey, E.B.(2006). Researching museum educators' perceptions of their roles, identity, and practice. *Journal of Museum Education*, 31(3), 175–198.

Bitgood, S., Beverly S., & Thompson, D.(1994). The impact of informal education on visitors to museums. In V. Crane, M. Chen, S. Bitgood, B. Serrell, D. Thompson, H. Nicholson, F. Weiss, & P. Campbell(Eds.). *Informal science learning:What the research says about television, science museums, and community–based projects*. Dedham, MA:Research Communications.

Chin, C.(2004). Museum experiences–A resource for science teacher education. *International Journal of Science and Mathematics Education*. 2, 63–90.

Chin, C–C., & Tuan, H–L.(2000). Using a museum setting to enhance preservice science teachers' reflection on their student teaching in a methods course. Paper presented at the Annual Meetingof the National Association for Research in Science Teaching, New Orleans, LA.

Darling–Hammond, L.(2006). *Powerful teacher education:Lessons from exemplary programs*. San Francisco:John Wiley & Sons, Inc.

Darling–Hammond, L.(1999). Educating teachers for the next century:Rethinking practice and policy. In G. Griffin(Ed.). *The education of teachers:98th NSSE Yearbook*, Part 1(pp. 221–255).

David, C., & Matthews, B. (2005). The teacher internship program for science (TIPS): A successful museum-school partnership. *Journal of Elementary Science Education*, 7(1), 16-28.

Feiman–Nemser, S.(2001). From preparation to practice:Designing a continuum to strengthen and sustain teaching. *Teachers College Record*, 103(6), 1013–1055.

Furlong, J.(2000). School mentors and university tutors:Lessons from the English experiment. *Theory into Practice*, 39(1), 12–20.

Hein, G. (2006). Progressive education and museum education. *Journal of Museum Education* 31(3), 161–174.

Hein, G. (2005). The role of museums in society: Education and social action. *Curator*, 48(4), 357–363.

Hein, G.(1998). *Learning in the museum*. London:Routledge.

Henry, B.(2006). The educator at the crossroads of institutional change. *Journal of Museum Education*, 31(3), 223–232.

Hoban, G.(Ed.).(2005). *The missing link in teacher education design:Developing a multi–linked conceptual framework*. Dordrecht, Netherlands:Springer.

Hooper–Greenhill, E.(2007). *Museums and education:Purpose, pedagogy, performance*. New York:Taylor & Francis.

Hooper–Greenhill, E.(1991). *Museum and gallery education*. Leicester, England:Leicester University Press.

IMLS (2002). *True needs, true partners:Museums serving schools*. Washington DC:IMLS.

Jung, M.L., & Tonso, K.L.(2006). Elementary preservice teachers learning to teach science in science museums and nature centers:A novel program's impact on science knowledge, science pedagogy, and confidence teaching. *Journal of Elementary Science Education*, 18(1), 15–31.

Korthagen, F. A., Kessels, J., Koster, B., Lagerwerf, B., & Wubbels, T.(2001). *Linking practice and theory:The pedagogy of realistic teacher education*. Mahwah, N.

J.:Lawrence Erlbaum Associates.

Kotler, N., & Kotler, P. (2000). Can museums be all things to all people?: Missions, goals, and marketing's role. *Museum Management and Curatorship*, 18(3), 271–287.

McGinnis, R., Hestness, E., Riedinger, K., Katz, P., Marbach–Ad, G., & Dai., A.(2012). In B. Fraser, K. Tobin & C. McRobbie(Eds.). *The Second International Handbook on Science Education.* (pp. 1097–1108). New York:Springer Publishers.

McIntosh, L.(2011). *Museum educators teaching other to teach.* Unpublished Doctoral dissertation, University of British Columbia, Vancouver, Canada. https://circle.ubc. ca/bitstream/handle/2429/35396/ubc_2011_fall_mcintosh_lisa.pdf?sequence=1

Middlebrooks, S.(1999). *Preparing tomorrow's teachers:Preservice partnerships between science museums and colleges.* Washington DC:Association of Science and Technology Centres.

Merriam, S. B.(1998). *Qualitative research and case study applications in education.* San Francisco:Jossey-Bass.

Metz, D.(2005). Field based learning in science:Animating a museum experience. *Teaching Education*, 16(2), 165–173.

Neathery, M.F.(1998). Informal learning in experiential settings. *Journal of Elementary Education*, 10(2), 36–49.

Roberts, L.C.(1997). *From knowledge to narrative:Educators and the changing museum.* Washington, DC:Smithsonian Institution Press.

Stake, R. E.(1995). *The art of case study research.* Thousand Oaks, CA:Sage.

Strauss, A., & Corbin, J.(1998). *Basics of qualitative research:Techniques and procedures for developing grounded theory*(2nd ed.). Thousand Oaks, CA:Sage.

Tran, L.U.(2007). Teaching science in museums:the pedagogy and goals of museumeducators. *Science Education*, 91, 278–297.

Tran, L., & King, H.(2007). The professionalization of museum educators:The case of science museums. *Museum Management and Curatorship*, 22(2), 131–149.

Notes

[i] Museums include Natural and Social History museums, Art Galleries, Zoos, Science Centres, Botantic Gardens, Aquariums.

[ii] It is acknowledged that some kinds of museums, like memorials demand silence, and where conversations in gallery maybe inappropreiate.

[iii] Secondary school education in British Columbia, Canada included grades 8 through 12, while Elementary school education included grades 1 through 7.

3章

ユニバーサルミュージアムと
ユニバーサルデザイン

3.1 ユニバーサルミュージアムとは

3.1.1 ユニバーサルミュージアムのはじまり

ユニバーサルミュージアムとは，ユニバーサルデザインを展示企画の指針として利用するだけではなく，すべての人にやさしく，博物館全体としても充実するようにデザインされた「開かれた博物館」づくりを目指す考え方である。この考え方は，1998年に神奈川県立生命の星・地球博物館（神奈川県小田原市）で行われたシンポジウムで，当時館長であった濱田隆士が最初に提唱した。

ユニバーサルミュージアムのもとであるユニバーサルデザインは，アメリカ・ノースカロライナ州立大学（North Carolina State University）の R. L. メイス博士（Mace, R. L.）が1980年代半ばに始めたデザインの取り組みであり，誰もが使いやすいデザインを指す言葉である。ユニバーサルデザインと博物館（ミュージアム）を組み合わせてユニバーサルミュージアムという言葉がつくられた。

ユニバーサルミュージアムは，博物館の重要なテーマであるにもかかわらず，一般にはまだあまり理解されていないのが現状である。ユニバーサルミュージアムを理解するには，まず来館者側から考えるとわかりやすい。博物館は，地域コミュニティの中心的な役

割を担っている。子どもたちや学生，大人たちだけでなく，例えば外国人や障がいのある人々のように何らかの理由で来館できていない潜在的来館者を含む多様な人々のニーズに応えなければならない。そこで「できるだけ多くの人が利用可能」にするためにユニバーサルデザインの考え方が必要である。ユニバーサルデザインについては3.1.6で詳しく説明する。

3.1.2　ユニバーサルミュージアムの社会的背景

多様な人々に向き合うユニバーサルミュージアムの考え方は，少子高齢化，障がい者の社会参加，国際化社会の進展などの社会的要因により，今後さらに重要性を増していくと考えられる。

例えば高齢化については，2014年に日本の人口の4人に1人は65歳以上になり，すでに若者が主要な人口を占める時代は終わっている。また，障がい者の社会参加や権利運動も，2011年の障害者基本法の改正，2014年の日本政府による障害者権利条約の批准，そして2016年の障害者差別解消法の施行などが進んできている。さらに国際化の進展により日本政府観光局（JNTO）の「平成30年訪日外客数・出国日本人数」（2018年4月）によると，海外から日本を訪れる観光客も2017年には過去最高の2,500万人台に達した。これは政府の「ビジット・ジャパン事業」がスタートした14年前に比べ，5倍近い増加である。

そのうち障がい者への対応について前述の障害者差別解消法では，人権の視点から，「合理的配慮」の実現が求められている。「合理的配慮」とは，文部科学省のホームページによると「障害者が他の者と平等にすべての人権及び基本的自由を享有し，又は行使することを確保するための必要かつ適当な変更及び調整であって，特定

の場合において必要とされるものであり，かつ，均衡を失した又は過度の負担を課さないものをいう」[1]と定義されている。2013年の内閣府の資料「障害者基本計画」には「国立博物館，国立美術館，国立劇場等における文化芸術活動の公演・展示等において，字幕や音声案内サービスの提供等，障害者のニーズに応じた工夫・配慮が提供されるよう努める」[2]と記されている。そこには，バリアフリーや情報保障について具体的な工夫や配慮が述べられている。

3.1.3　ユニバーサルミュージアムと館のポリシー

　ユニバーサルミュージアムでは，どのようにバリアフリーや情報保障の工夫や配慮をすればよいのであろうか。ユニバーサルミュージアムは，博物館全体としての取り組みと，触れる展示のような知覚鑑賞の取り組みとに分けられる。濱田は，ユニバーサルミュージアムとは，多様な来館者を迎える姿勢やポリシーに関わる博物館全体の取り組みであり，単に展示をユニバーサルデザインで考えるだけではなく，①資料の収集・保存，②調査・研究，③展示，④学習・普及という博物館機能の4つの柱全体で充実するべきであると述べている[3]。つまりユニバーサルミュージアムでは，展示だけではなく4つの柱を含む館全体の取り組みであること，館のポリシーのレベルから来館者の個人的体験レベルまでを含む総合的な目標達成が求められており，図示すると図3-1のようになる。

　神奈川県立生命の星・地球博物館は，ユニバーサルミュージアムを館全体のポリシーにはしていないが，開館時の5方針の5番目に「開かれた博物館を目指す」[4]という文言がある。その内容にハンズ・オンの重視，音声ガイドなどの技術的アシスト，文化的バリアフリーの方向を模索，真のユニバーサル発想が掲げられており，ユ

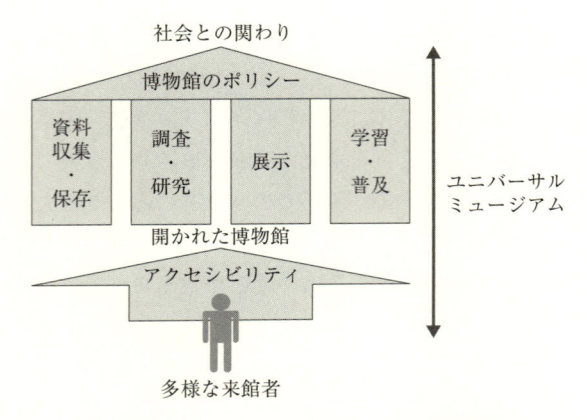

図3-1　ユニバーサルミュージアムの概念図

ニバーサルミュージアムがその中に含まれていると考えることができる。

　また展示以外の取り組みとして，資料の収集保存・研究に市民がボランティアで参加するなどの活動を行っており，4つの柱全体でユニバーサルミュージアムに取り組んでいるなど，館全体として「誰もが楽しめる博物館をつくる」という社会的使命の実現に向けた意気込みが感じ取れる。

　さらにユニバーサルミュージアムは，ハコものに主眼があるのではなく，ヒト・モノ・サービス全般に及ぶ考え方である。同館の学芸員の広谷浩子は，「学芸員や誘導・案内ボランティアによる人のサービスを重視している」と述べている。

　特に「真のユニバーサル発想」は，「健常者と障がいのある人」の対立概念の排除にまで言及している。濱田は，1999年の『博物館五感論』で，これまでの中心であった目の不自由な人への展示解説はあくまでも技術的アプローチであるとし，本質的には「健常者

という発想自身が大きなバリア」であるという問題提起を行っている[5]。例えば，目が悪くてコンタクトを使っている人を一般に障がい者とは呼ばないように，健常者と障がい者というレッテルがそもそも問題であるという考え方である。

3. 1. 4　ユニバーサルミュージアムと知覚鑑賞

　次に，知覚鑑賞の取り組みについて見ていく。濱田は，ユニバーサルミュージアムとは「物事をあらゆる方向から見るという意味でユニバーサルである」とも述べている[6]。つまり，館全体の取り組みという社会的な視点とともに，展示物を通じた来館者の個人体験レベルの視点を合わせてユニバーサルであることが求められている。これは「展示」において，多様な来館者が鑑賞するという視点から，見るだけではなく五感を使った鑑賞やグループでの鑑賞など，鑑賞の選択肢を用意することにつながる。

　神奈川県立生命の星・地球博物館では，展示に対する取り組みとして，ガラスケースや柵をできるだけなくして来館者により近づけた展示を行っている。例えば，入口を入ると巨大な岩石の壁や図3-2で示すアンモナイトの壁のように，来館者より大きな展示資料があり，両手を使って冷たさや固さを感じることができる。このような規模の大きい展示をはじめ，触れる剥製などハンズ・オン展示が充実している。

　ハンズ・オンとは，「直訳すれば，「直接手に触れる」「実際に参加する」ということで，教育の中では，「実践的に学ぶ」という意味で用いられている」[7]。

　また，「ジャンボブック展示室」では，「不思議の国のアリス」の世界に迷い込んだ設定で，巨大な「自然史事典」が展示装置となっ

**図3-2　神奈川県立生命の星・地球博物館の
アンモナイトの壁**

ており，説明は子どもにもわかりやすいストーリー性のある語り口になっている。さらに昆虫の模型も含め，対象物を巨大化して細部まで詳しく表現している。このような知覚を刺激する展示は，障がいのある人のための情報保障だけでなく，あらゆる人に創造的な展示体験をもたらす。

　神奈川県立生命の星・地球博物館の活動からはじまったユニバーサルミュージアムの動きは，国立民族学博物館（大阪府吹田市）や吹田市立博物館（大阪府吹田市）などを中心とするユニバーサル・ミュージアム研究会の活動へと広がっていった。

3.1.5　ユニバーサルミュージアム
——南山大学人類学博物館と福岡市博物館

　2013年秋にユニバーサルミュージアムを館のポリシーとする博物館が現れた。新規開館した南山大学人類学博物館（愛知県名古屋

市）と，リニューアルオープンした福岡市博物館（福岡県福岡市）である。ここではこの両館について事例比較を行い，ユニバーサルミュージアムの現状を考えたい。

　2013年秋に開館した南山大学人類学博物館は，計画を推進した教授・黒沢 浩が，国立民族学博物館の准教授・広瀬浩二郎の活動に感銘を受けて，ユニバーサルミュージアム実現に取り組んできた成果である。ガラス張りの展示ケースは，入口の一カ所と名古屋市指定文化財の展示のみで，それ以外はすべての展示物に触れることができる。図3-3に示すように，展示台はテーブル形状で足が入り，ゆっくり触れられるようにいすが各所に置かれている。また車いすもアクセスしやすい。視覚障がいのある人による触察は時間がかかるため，周囲を気にせず，いすにすわって両手でじっくり鑑賞を行える環境が欠かせない。

　1990年開館の福岡市博物館は，展示設備が老朽化し，リニューアルの時期を迎えていた。2013年秋のリニューアルによって，従

図3-3　南山大学人類学博物館

来2階の奥まった場所にあった「体験学習室」は地域の子どもに居場所を提供する1階ロビーの「みたいけんラボ」になり，常設展示室では，展示資料の目玉である国宝の金印への理解を深めるハンズ・オン展示や，図3-4に示すように各ゾーン入口に触地図を設けるなど，より多くの来館者が知覚を活かして楽しめる展示が充実した。

　南山大学人類学博物館と福岡市博物館を，博物館全体の取り組みと知覚鑑賞の取り組みの視点から見ていくことにする。両館においてユニバーサルミュージアムがポリシーになった背景には，それぞれ異なった条件があった。

　南山大学人類学博物館は規模が小さく一つのポリシーを掲げやすい状況にあったこと，一方福岡市博物館では，2012年に福岡市長の高島宗一郎が「ユニバーサル都市・福岡」を市政の重点テーマに掲げたことから，福岡市の公共施設としてユニバーサルミュージアム実現に取り組んできた社会背景があったことである。

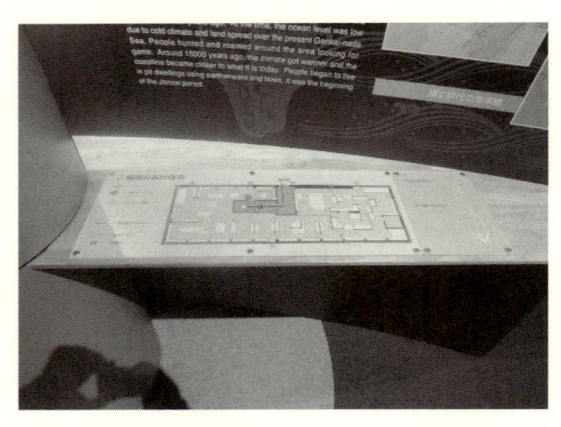

図3-4　福岡市博物館の各ゾーン入口に設けられた触地図

　そしてポリシーを実現するには，ユニバーサルミュージアムやユニバーサルデザインの専門家や担当者の存在が必要である。南山大学人類学博物館では黒沢が，福岡市博物館では学芸員と館長が，密接な連携によって積極的にポリシーづくりや展示プランに関与したことが，ユニバーサルミュージアム実現の大きな原動力となった。彼らはユニバーサルミュージアムやユニバーサルデザインの専門家ではないが，理解者・推進者であったことが実現につながった大きな理由である。一般に博物館にはこの分野の専門家やデザイナーはいないため，博物館全体あるいは展示のデザイン計画は，外部の展示業者に頼る場合が多い。しかし来館者のニーズを展示計画に反映させるには，ユニバーサルデザインに詳しい展示業者を採用するのは当然のこととして，さらに館独自のニーズ分析とポリシーが要求される。つまり展示担当のスタッフに任せるだけではなく，博物館を挙げて来館者，ひいては地域社会とのより良い関係性を作り出す必要がある。両館ともスタッフの中にポリシー推進役が存在し，ユニバーサルミュージアムに関わっていたことが共通点として挙げられる。

　以上の背景からユニバーサルミュージアムがポリシーとして実現した訳であるが，同時に課題も存在する。その一つに，何を満たせばユニバーサルミュージアムであるのか，という評価項目の不在がある。

　「ユニバーサルミュージアム」と聞いたとき，イメージとしては思い浮かぶが，具体的にどこまで達成すればユニバーサルミュージアムといえるのか，明確に述べられた文献は数少ない。例えば，博物館の一部にそのようなコーナーを設ければよいのか，館全体で実現する必要があるのか，来館者ニーズを満たすだけでよいのか，社

会的な博物館全体のポリシーが必要であるのかなど，実現レベルの基準が曖昧であることが現状である。

　また達成目標だけではなく，実施方法にも課題がある。一時的に来館者に感銘を与えるものでは決してなく，不完全であっても常にユニバーサルミュージアムに向けたアプローチを続けること，館全体で取り組むコミュニティを作ること，活動の理念とプロセスを来館者コミュニティと共有することを，取り組みの基本姿勢とするべきことである。

　最初からすべての人のニーズを満たすデザインを達成目標としては，ハードルが高すぎるであろう。むしろ，持続的に目標を達成していく息の長い取り組みが現実的である。そのためには広報やアウトリーチといった博物館と来館者間のコミュニケーションを検討したり，自律的で自己点検可能なユニバーサルミュージアムの評価項目を設定することが重要である。南山大学人類学博物館では視覚障がい者団体である名古屋盲人文化情報センターとの恒常的な連携によって，評価と改善につながる取り組みを行っている。また，福岡市博物館では，視覚障がいのある人々のグループ「ブルーチーズ」と共同して新たなサポートツールの開発に取り組んでいる。

3.1.6　ユニバーサルデザインとは

　次にユニバーサルデザインについて詳しく述べる。ユニバーサルデザインとは，「すべての人にとって，できる限り利用可能であるように，製品，建物，環境をデザインすることであり，デザイン変更や特別仕様のデザインが必要なものであってはならない」[8] という理念であり，具体的な7原則と呼ばれる指針が1997年に発表されている。古瀬敏らの訳によるとユニバーサルデザイン7原則は，

原則1：誰にでも公平に利用できること

原則2：使う上で自由度が高いこと

原則3：使い方が簡単ですぐわかること

原則4：必要な情報がすぐに理解できること

原則5：うっかりミスや危険につながらないデザインであること

原則6：無理な姿勢をとることなく，少ない力でも楽に使用できること

原則7：アクセスしやすいスペースと大きさを確保すること

であり，使いやすさに関する内容が中心になっている。

　1990年代後半には，日本にもユニバーサルデザインが紹介され，その理念をもった活動が開始された。「一人一人の人間性を尊重した社会環境づくりをユニヴァーサルデザインと呼び，使い手と作り手の関係を再構築すること」を趣意として，日本最初のユニバーサルデザインの国際会議であるIAUD（International Association for Universal Design）が2002年に横浜で開催され，「国際ユニヴァーサルデザイン宣言2002」が採択された[9]。また2003年4月に全国に先駆けて浜松市ではじめて「浜松市ユニバーサルデザイン条例」が施行されるなど，2000年代前半にユニバーサルデザインに対する気運は大きく盛り上がり，この10年間でユニバーサルデザインという言葉は日本の社会に普及した。しかし反面，ユニバーサルデザインという言葉が，本来の意味する内容と異なり，障がい者や高齢者を対象としたデザインと考えられがちである。それは本来の理念よりも狭い解釈であり，バリアフリーと類似した考え方であると解釈されてきた傾向は否定できない。

　ユニバーサルミュージアムを実現するには，ユニバーサルデザイ

図3-5　多機能トイレ（TOTO）

画像提供：TOTO

ン製品が活用されることになる。博物館にも関係の深いユニバーサルデザインの代表的事例としては，TOTOやLIXILなどによる，車いすを利用する人や視覚障がいのある人など多様な人々に配慮された多目的トイレが挙げられる。TOTOでは多機能トイレと呼んでおり，その例を図3-5に示す。「車いす対応トイレ」と「オストメイト（人工肛門利用者）対応トイレ」は，2006年の高齢者，障害者等の移動等の円滑化の促進に関する法律（バリアフリー法）の施行により，特別特定建築物に設置が義務づけられた。また，同法が施行されてからは，こころのバリアフリーやユニバーサル社会の実現が謳われるようになった。これらの言葉はハード偏重になりがちなバリアフリーを，総合的な人のモラルの視点にまで広げている。

3.1.7　ユニバーサルデザインとユニバーサルミュージアムの　　　　　関係性

本章の冒頭で，ユニバーサルミュージアムは，ユニバーサルデザ

インとミュージアムを組み合わせてできたと説明したが，その一言で済ませてしまうと，イメージはできても実際に理解し活用することは難しい。筆者は，ユニバーサルデザインでは，できるだけ多くの人々を対象とした製品やサービスによる解決策に重点を置くのに対し，ユニバーサルミュージアムでは，博物館全体を考えながら一人ひとりの来館者に向き合う，そこに対象範囲の違いがあると考えている。

　つまり，ユニバーサルデザインでは特別なデザインを除く「すべての人への共通の解決策」を目指しているが，博物館では，あらゆる来館者を想定した「個別の解決策」をとり，特別な配慮も求められる。この意味ではユニバーサルミュージアムは，ユニバーサルデザインのような共通の解決策だけではなく，博物館としてのポリシーや，モノのレベルからサービスまでの多様な来館者への個別の解決策を用意する必要がある。

　ユニバーサルデザインは，7原則をもとにした「使いやすさ（ユーザビリティ）」に中心を置くデザイン方法であり，博物館の「アクセスのしやすさ」の解決に向いている。他方，ユニバーサルミュージアムは，濱田が述べているように「多様な鑑賞体験」に重点が置かれる。

　ユニバーサルデザインの研究者やデザイナーにとって，展示に至るまでの「アクセスのしやすさ」やトイレなど設備の「使いやすさ」は解決策を提案しやすいが，展示内容については博物館研究者や専門家の視点がなければ解決策を提案しづらい現状がある。しかし，博物館研究者はユニバーサルデザインや展示デザインの専門家ではなく，博物館展示デザイナーは展示デザインの専門家であっても必ずしもユニバーサルデザインの専門家ではない。以上の理由から，

ユニバーサルミュージアムの実現イメージについても，来館者，ユニバーサルデザインの研究者・専門家と博物館のスタッフ・研究者の考えには「ズレ」があると考えられる。

例えば，障がいのある人からすれば，ユニバーサルミュージアムというと，すべてのサービスでユニバーサルデザインが行き届いたイメージをもつであろうし，一つでも達成できていないと落胆するかもしれない。逆に「すべての人が満足するミュージアムは不可能だ」という意見もある。

図3-6にユニバーサルデザインとユニバーサルミュージアムの関係を示す。ユニバーサルデザインの研究者・専門家は，前述したユニバーサルデザインの7原則に基づき，館内サインの見やすさや，まちづくりの視点による駐車場からのアクセシビリティなど，来館者視点で「できないこと」の解決に関心がある。

一方，博物館のスタッフ・研究者は，博物館の専門分野の視点か

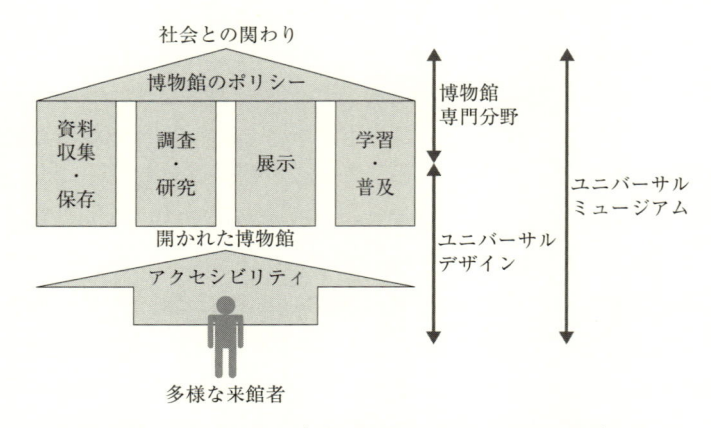

図3-6　ユニバーサルデザインとユニバーサルミュージアム
（図3-1に加筆）

ら，展示資料に触るハンズ・オンやグループ鑑賞など新たな学びの可能性を発見する「できること」に関心がある。

　ユニバーサルミュージアムの実現には，以上のような異なった専門分野の視点があることを念頭に，総合的に捉える必要がある。誰もがわかりやすいように，それぞれの言葉や概念の関係性を明確に示す方法が求められている。

3.2　ユニバーサルミュージアムマトリクスの構成

　前節では，ユニバーサルミュージアムとユニバーサルデザインの現状を整理した。本節では，ユニバーサルミュージアムの全体像の理解と具体的な評価方法の一助となるユニバーサルミュージアムマトリクスについて説明する。

　ユニバーサルミュージアムマトリクスとは，課題を整理する上で一定のルールをもったマトリクスであり，どの部分を達成するかにより，目標の違いや関係性を明確化することができる。来館者，ユニバーサルデザインの研究者・専門家と博物館スタッフ・研究者など，誰にもわかりやすい評価ツールであり，達成目標の共有を目的としている。ユニバーサルミュージアムマトリクスを図3-7に示す。このマトリクスは，国立民族学博物館と2009〜2011年度科学研究費補助金「博物館空間におけるユーザ視点からの展示評価の実績的研究」での研究をもとに筆者が考案したものである。マトリクスは以下の3つの視点で構成されている。

　A　「できること」の具現化
　B　みんなが「できること」の具現化

C 「できないこと」の解決

　Aの「できること」の具現化では，個別の来館者の多様な「できること」へのアプローチ（課題とその解決方法）を意味する。Bのみんなが「できること」では，個別の「できないこと」の解決から，みんなが「できること」にするマイナスをなくすアプローチと，個別の「できること」の具現化をみんなの「できること」に広げる

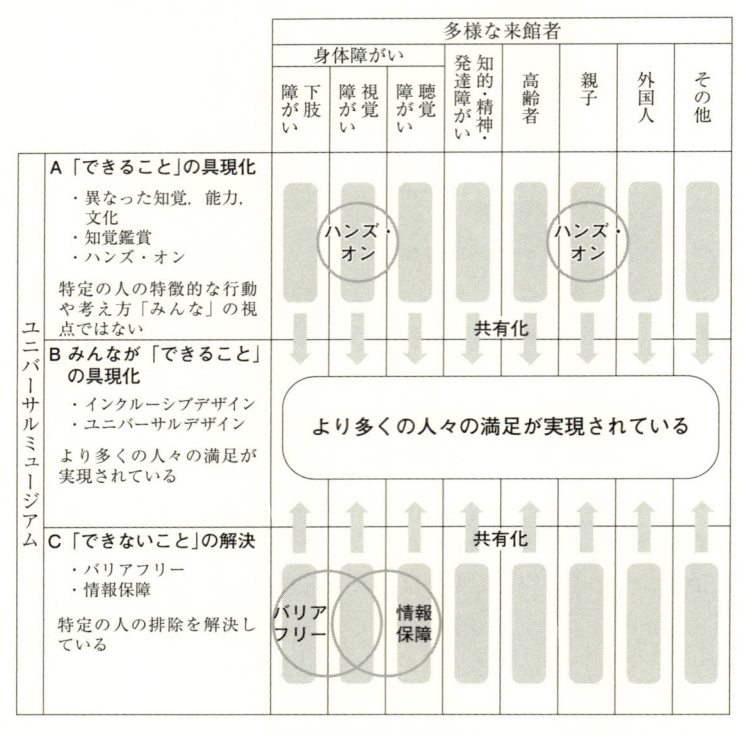

図3-7　ユニバーサルミュージアムマトリクス

プラスのアプローチがある。Cの「できないこと」は，個別の来館者がもつアクセスや鑑賞に関するアプローチを意味する。

　この3つはそれぞれ有機的に関連している。マトリクスを活用するルールを説明すると，「できないこと」の個別のタイプの解決であっても，より多くの人々を対象とした解決に拡大されれば，みんなが「できること」に移動できる（CからB）。また，個別の「できること」の具現化も同様で，より多くの人々に対象が拡大されれば，みんなが「できること」の具現化に移動する（AからB）。

　多くの矢印がA，CからBに移動するほど，ユニバーサルデザインが実現できていることになる。

　例えば「ハンズ・オン」は，「ハンズ・オン」の内容が，視覚情報を「触る」ことで得られる触覚情報に置き換える情報保障と，触ることも含めた「能動的な学び」としての知覚鑑賞の両方に関わると考えられる。前者は「視覚障がいのある人」を対象に「できないこと」をできるようにする。後者は「視覚障がいのある人」と「親子」の両方を対象に「できること」に分類する。

　また「ハンズ・オン」は「視覚障がいのある人」と「親子」の2タイプを対象としたが，3タイプ以上のユーザが想定されれば，みんなが「できること」に分類する。この場合，3タイプを束ねることを基準としているが，それぞれの館の実情にあわせる工夫も必要であろう。みんなが「できること」に分類した場合，それぞれのタイプの来館者ごとに必要なニーズが異なる。何が必要であるかをそれぞれ想定し，対策を検討することが求められる。例えば下肢に障がいのある車いす利用の人の場合，車いすが展示棚の下に入り，見やすい高さになるように「ハンズ・オン」展示のセッティングを工夫するといったことが考えられる。

以下，Ｃ「できないこと」の解決（3.2.1），Ａ「できること」の具現化（3.2.2），Ｂみんなが「できること」の具現化（3.2.3）を順に説明する。

3.2.1　「できないこと」の解決

　ユニバーサルミュージアムに求められる基本的なニーズとして，ストレスのないアクセスや鑑賞の実現がある。視覚障がいのある人のための視覚障がい者用誘導ブロック（通称：点字誘導ブロック）や，下肢障がいのある人対象のスロープなど，「読めない」や「上がれない」といった個別の「できないこと」を解決するアプローチが先決である。しかし，「できないこと」をすべて解決しなければ他のことができないという意味ではない。多様な市民とコミュニケーションを図りながら，できていない理由を共有しつつ，予算や時間などの制約の中で，できることから進めていく現実的で柔軟な取り組みが望まれる。要は，単に設備やハードの問題ではなく，来館者と博物館とのコミュニケーションの問題である。

　ここで，バリアフリーとユニバーサルデザインの違いについて述べたい。2つの考え方は対象や計画時期が異なるというのが，一般的な説明である。例えば，静岡市の運営するホームページである「ユニバーサルデザイン／バリアフリーぷらざ（U・Bぷら）」によると，表3-1に示すように，ユニバーサルデザインは「個人差や国籍の違いなどに配慮しており，全ての人が対象」としている点が，障がい者を対象とするバリアフリーと異なる[10]。また，もともとの計画段階から検討するのがユニバーサルデザイン，後付けで対応するのがバリアフリーとすると，ユニバーサルデザインは，バリアフリーに比べて費用対効果が高いといわれている。

表3-1　ユニバーサルデザインとバリアフリー

	ユニバーサルデザイン	バリアフリー
定　義	はじめから，誰にとってもバリア(障壁)のないように配慮する(事前の対策)	特定の人のバリア(障壁)となっているものを取り除く(事後の対策)
対象者	すべての人	高齢者，障がい者(特定の人)
考え方	バリアがないことを前提	バリアがあることを前提

（ユニバーサルデザイン／バリアフリーぷらざ資料から作成）

　本論では，事前か事後かを問題にせず，バリアフリーを個別対応策，ユニバーサルデザインをタイプの異なる複数の来館者を包含する解決策とする。このように捉えることで，この2つの概念は競合する概念ではなく，共存する考え方になる。

　重度の障がいのある人などは個別対応になるため，バリアフリーによる解決になる。この個別対応はバリアフリーと呼ぶのではなく，特別なデザインやサービスと呼んだ方がふさわしいと考えるかもしれない。しかしここで強調したいのは，特別なデザインやサービスとして分けて考えない姿勢である。障がいのある人々の根本的なニーズに「分けてほしくない」というものがある。車いす利用の来館者を一般の入口とは異なるバックヤードのエスカレータに案内することは，機能的には間違っていないかもしれないが，当事者としては「モノ扱い」された気分になるかもしれない。

　同じようにサービスを享受したい，一人で来られるようになりたい，という多様な人々の思いを実現することが，最大の到達目標であろう。つまり，バリアフリーであっても，できればユニバーサルデザインにできる機会があればそれを実施すること，またバリアフリーだからといって分けるような特別な解決策にしない発想が必要

である。

「できないこと」の解決は，一歩間違えると障がいのある人や高齢者の「ために」に，というお仕着せや型通りの解決になったり，実行内容が曖昧な「心のバリアフリー」としてモラルの問題で終わりやすい。心のバリアフリーは当然重要であるが，来館者がアクセスでき，楽しく鑑賞できることは，社会の公共施設が果たすべき人権の保障に関わる課題である。そういう意味で，ワークショップなどにおいて来館者のニーズを受け取る機会を設けるなど，プロセスを市民にオープンにすることで一方的な判断を防ぐことができる。これによりマイナスをゼロにする「できないこと」への具体的な対応計画が公開され共有できれば，博物館のスタッフと多様な来館者の信頼関係の醸成につなげることができる。

ここから実際に計画する上で，「できないこと」の解決の参考になる事例を紹介する。

■事例1　行政によるガイドライン・マニュアル

行政の進めるバリアフリーやユニバーサルデザイン施策では，公共施設としての博物館の対応が求められている。その内容は，法律や認証制度からガイドラインまで幅広い。2006 年 12 月 20 日に国土交通省によって前述したように「バリアフリー法」が施行された。この法律は，ハード・ソフト両面の施策を充実させ，高齢者や障がい者なども含めた，すべての人が暮らしやすいユニバーサル社会の実現を目指しており，博物館は，対象用途に図書館などとともに含まれる[11]。2,000m^2 以上の新築，増築，改築，用途変更に義務づけられているが，地方公共団体の条例により多少異なる。また既存建築物についても努力義務となっている。また「バリアフリー環境整

備促進事業」として，「美術館，文化ホールなどの公益的な施設を含む建築物については，その施設に至る廊下，階段，エレベーター等の移動システムやそれらに付随するトイレ等の整備費」の補助制度がある。認証を受ければ「バリアフリー環境整備促進事業」シンボルマーク（図3-8）が使用できる。また全国の都道府県の多くで，博物館だけを対象としている訳ではないが，ユニバーサルデザイン，バリアフリーのガイドラインやマニュアルが策定され，具体的な取り組みが行われている。

図3-8　シンボルマーク

　「バリアフリー法」では，最低限の数値目標と，望ましいレベルが具体的に設定されており，チェックリストとしては役立つが，高齢者と障がいのある人々，特に車いす利用の人と視覚障がいのある人を対象とした内容になっているため，そのほかの対策についても今後充実が望まれる。

■事例2　JISとISO

　JIS（Japanese Industrial Standards）は日本工業規格の略である。日本工業標準調査会によると，JISとは「我が国の工業標準化の促進を目的とする工業標準化法（昭和24年）に基づき制定され」[12]た国家規格であり，1万件を超える規格が制定されている。JIS検索で調べると，バリアフリーで8件（ユニバーサルデザインと重複1件以上），ユニバーサルデザインで3件，障がい者で127件，高齢者で75件が検索結果として出てくる。その中で，触地図の「触覚情報–触知図形の基本設計方法」など17件のユニバーサルミュージアムに関係のあるJIS規格が確認できた。図3-9は，ユニバーサ

JISZ8071	高齢者及び障害のある人々のニーズに対応した規格作成配慮指針
JIST0921	高齢者・障害者配慮設計指針-点字の表示原則及び点字表示方法-公共施設・設備
JISX8341-4	高齢者・障害者等配慮設計指針-情報通信における機器，ソフトウェア及びサービス-第4部：電気通信機器
JISS0011	高齢者・障害者配慮設計指針-消費生活用製品における凸点及び凸バー
JISS0012	高齢者・障害者配慮設計指針-消費生活製品の操作性
JISS0014	高齢者・障害者配慮設計指針-消費生活用製品の報知音-妨害音及び聴覚の加齢変化を考慮した音圧レベル
JISS0032	高齢者・障害者配慮設計指針-視覚表示物-日本語文字の最小可読文字サイズ推定方法
JISS0042	高齢者・障害者配慮設計指針-アクセシブルミーティング
JISS0052	高齢者・障害者配慮設計指針-触覚情報-触知図形の基本設計方法
JIST0901	高齢者・障害者配慮設計指針-移動支援のための電子的情報提供機器の情報提供方法
JIST0921	高齢者・障害者配慮設計指針-点字の表示原則及び点字表示方法-公共施設・設備
JIST0922	高齢者・障害者配慮設計指針-触知案内図の情報内容及び形状並びにその表示方法
JIST0923	高齢者・障害者配慮設計指針-点字の表示原則及び点字表示方法-消費生活製品の操作部
JIST9251	視覚障害者誘導用ブロック等の突起の形状・寸法及びその配列
JISX9341-7	高齢者・障害者配慮設計指針-情報通信における機器，ソフトウェア及びサービス-第7部：アクセシビリティ設定
JISZ26000	社会的責任に関する手引
JISZ8210	案内用図記号

図3-9　ユニバーサルミュージアムに関連する JIS の例

ルミュージアムに関連する JIS の例である。

　JIS は製品や工業製品に関する規格であるが，博物館展示デザインのような一品制作にも適応可能な場合もあるため，計画時に確認が必要である。さらに国際的には，国際標準化機構（International Organization for Standardization：ISO）による国際規格があり，ISO 9241-210 に，「人間工学-人とシステムとのインタラクション-

第210部：対話型システムの人間中心設計」[13] が策定されている。

■事例3　NPO 法人カラーユニバーサルデザイン機構（CUDO）

　色は，視覚情報の一部として生活の中で重要な役割を占めている。博物館でも案内図やゾーンを表すテーマカラーなど，色を使った表示が多く使われている。NPO 法人カラーユニバーサルデザイン機構（Color Universal Design Organization：CUDO）によると，カラーユニバーサルデザイン（CUD）とは，「色覚タイプの違いを問わず，より多くの人に利用しやすい製品や施設・建築物，環境，サービス，情報を提供する」[14] 考え方である。2004 年に設立された同 NPO が普及を進めている。文部省が 1989 年に発行した「色覚問題に関する指導の手引き」によると，カラーユニバーサルデザインを必要としている赤緑色覚異常のある人は男性で約 5 ％，女性は0.02％である。

　色を見やすくすることは，色覚障がいのある人の情報コミュニケーションを確保し，さらにはより多くの人々にとってわかりやすい色の整理となるはずである（CUDO のホームページより「CUD 推奨配色セットガイドブック」がダウンロード可能）。

■事例4　「より多くの人が参加しやすい展示会ガイド」

　共用品推進機構は，市場規模の大きい見本市・展示会イベントを対象に，「より多くの人が参加しやすい展示会ガイド」[15]（図3-10）を 2011 年に発表した。博物館関係者にはなじみが薄いかもしれないが，共用品推進機構とは，1990 年 E & C（エンジョイ＆クリエーション，Enjoy and Creation）プロジェクトからスタートした，一般製品と福祉用具の重なる部分を共用品と考えるアプローチから活動

を推進する団体である。このガイド
は，これまで「高齢者・障害のある人
などに焦点をあて，多くの機関で活用
できる展示会に関する共通のガイド
は，未だ制定されていない」[16] との認
識から制作されたもので，サービスか
らハードまでユーザ別に説明されてい
るため，設計者や展示主催者にとって
使いやすいものになっている。

図3-10 「より多くの人が
参加しやすい展示
会ガイド」表紙

　具体的には，①事前に情報提供する
効果，②「主催者」「出展者」「関係者」
の連携，③ハード面とソフト面の連
携，そして④法規制や規格などの紹介，の4つに分けて対策が述べ
られている。さらに多様なユーザが規定され，どのような配慮が必
要であるか，総合的にまとめられている。特に博物館向けとして作
られたものではないが，同様の課題で活用できる項目が多く，示唆
に富んだ内容である。

■事例5 「*Everyone's Welcome: The Americans with Disabilities Act and Museums*」

　アメリカでは，1990年に施行された障がいによる差別を禁止す
る公民権法の一つ「障がいのあるアメリカ人法（The Americans
with Disabilities Act：ADA）」に基づいた「*Everyone's Welcome:
The Americans with Disabilities Act and Museums*」が，J. P. S.
サーメン（Salmen, J. P. S.）によって1998年に発表されている。こ
れは，すべての個人来館者が博物館にアクセスできることを目的と

したマニュアルで，以下の9原則が非常に参考になる[17]。

1．アクセシビリティへの取り組みを表す文章を，博物館のポリシーやミッションに明記すること。

2．アクセシビリティコーディネーター（個人またはグループ）を任命すること。

3．障がいのある人々からの情報を得ること。障がいのある人々によるアクセシビリティアドバイザー委員会を組織すること。

4．アクセシビリティ，ADA法，来館者サービスの戦略について，スタッフを教育すること。

5．プログラムや施設のレビューを行うこと。既存のバリア，差別的なポリシーや行いを明確化すること。

6．下記の短期，長期の組織全体のアクセシビリティを実施すること。

　　　　プログラムのアクセシビリティ

　　　　バリアフリー

　　　　効果的なコミュニケーション

　　　　新規施設や改修

7．博物館のアクセシビリティの広報を行うこと。

8．不満を解消する仕組みを作ること。

9．アクセシビリティレビューを行うこと。

この9原則をもとに「博物館への到着」から展示の「壁面展示／島型展示」まで，図3-11に示すように具体的なイラストと数値でガイドラインが説明されている。法律の解釈はややもすると難しく

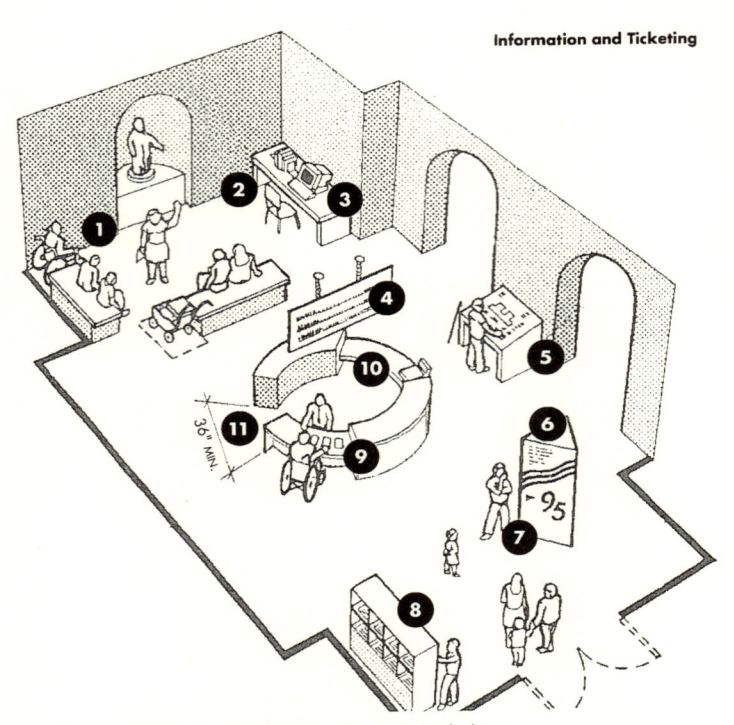

1. Orientation area with at least one wheelchair parking space (two or more preferred to allow choice of position).

2. Knee space and movable chair.

3. Computer with audio output gives overview of museum services.

4. Overhead sign with lettering size appropriate for viewing distance, at least 3" high.

5. Directory with raised-line map, tactile lettering, and knee space below.

6. Static information kiosk with speaker that presents audible version of text (See page 59 for interactive kiosk.)

7. Speaker button.

8. Self-serve, large-print brochures at heights reachable by all people.

9. Information/ticketing desk must be accessible to visitors and have a section of counter no higher than 36".

10. Although not required unless needed by an employee with a disability, it is recommended that information desks initially be designed with an accessible work/counter segment that has adequate knee space.

11. Adequate circulation around and within information/ticketing desk (See page 56.)

図3-11　博物館総合受付とロビーに関するガイドライン

出典：John P. S. Salmen, Universal Designers & Consultants, Inc., *Everyone's Welcome: The Americans with Disabilities Act and Museums*, American Association of Museums, 1998, p.68.

なりがちであるが，イラストを活用し，できるだけわかりやすくする努力の見えるまとめかたである。

3.2.2　「できること」の具現化 ── いつもとは違う鑑賞を体験する

次に視覚障がいのある人に向けたハンズ・オンや，子どもの学び方など多様な来館者の個別の「できること」の具現化を見ていきたい。

■事例　ユニバーサル・ミュージアム研究会の取り組みと国立民族学博物館の情報提示「世界をさわる」

濱田に続くユニバーサルミュージアムの研究実践活動は，国立民族学博物館の広瀬によるユニバーサル・ミュージアム研究会をはじめ，ハンズ・オンによる新しい鑑賞体験に関する研究活動として進展してきた。ユニバーサル・ミュージアム研究会は，2009～2011年度科学研究費補助金による「誰もが楽しめる博物館を創造する実践的研究」としてスタートし，2009年度から各地のミュージアムで研究集会とワークショップを開催した。2012年度からは国立民族学博物館の共同研究プロジェクトとして運営されており，初回の共同研究は「触文化に関する人類学的研究」，現在は「『障害』概念の再検討」を目的としている。

また，ユニバーサル・ミュージアム研究会で，広瀬は最も博物館に遠い存在として視覚障がいのある人を規定し，「触常者」という考え方を提唱している。つまり，障がい者は，ある部分の能力が弱いのではなく，触の健常者であることを強調した言葉である。障がいを「できないこと」と捉えると，それをどのように補うかという

機能的課題になりやすい。しかし，触常者の考え方には視覚に障がいのある人が「できること」として捉え，新たな価値を見いだしていこうという姿勢を読み取ることができる。

T.コールトン（Caulton, T.）は『ハンズ・オンとこれからの博物館』で「博物館のハンズ・オン系展示装置あるいはインタラクティブな展示装置には明確な教育目標がある。その目標とは，個人もしくはグループで学習する人々が，事物の本質あるいは現象の本質を理解するために，個々の選択にもとづいて自ら探求してみようとする利用行動を助けることにある」[18] と述べている。

2012年3月にオープンした国立民族学博物館の情報展示「世界をさわる」は，広瀬によると「ゆっくり時間をかけて，優しく丁寧に触る」ことで来館者の想像力・創造力を刺激したいという考えで作られた。図3-12に示すように，トキのカービングやイヌイットの石の彫刻など両手で触る「じっくりさわる」展示と，多様な文化の生活用具の展示資料を，細かいディテールまでゆっくりといすに座りながら感じることのできる「見てさわる」展示，さらに視覚に

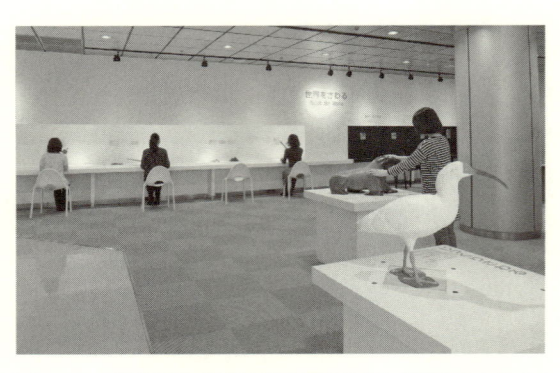

図3-12　国立民族学博物館の情報展示「世界をさわる」

頼らずに，ブラックボックスの穴に手を入れる「見ないでさわる」展示の3つに分かれており，触察の方法の違いを体験することができる。触ることで一般来館者も鋭敏な感覚を追体験できる。ここに置かれているものはレプリカではなく，すべて本物の展示資料であるところに，広瀬の「さわっておどろく」ことへのこだわりが実現されている。

3.2.3　みんなが「できること」の具現化 ── お互いの鑑賞に配慮し，みんなの鑑賞の選択肢を広げる

みんなが「できること」は，ユニバーサルデザインの考え方が一番色濃くでる部分である。みんなが「できること」には，3.2.1で説明した「できないこと」の解決というマイナスをなくすアプローチと，3.2.2で説明した「できること」の具現化を，みんなの「できること」に高めるプラスのアプローチがある。

スロープはベビーカーや車いすに有効であるが，さらにエレベーターを設けることで高齢者も利用できる。車いすに座ったまま操作できたり，手すりや音声案内のついたユニバーサルデザインのエレベータによって，より多くの来館者が楽に移動できるようになる。

しかしすべてがそのように良いアクセスになるとは限らない。新設の博物館であっても，視覚障がいのある人に向けた点字誘導ブロックのような特定の解決策は，段差のない床を必要とする車いす利用の人にとってバリアとなりうる。

■事例1　バリアフリー・コンフリクト

中邑賢龍らは，前述した対立関係をバリアフリー・コンフリクトと呼んでいる[19]。本来は点字誘導ブロックに代わる，より優れたデ

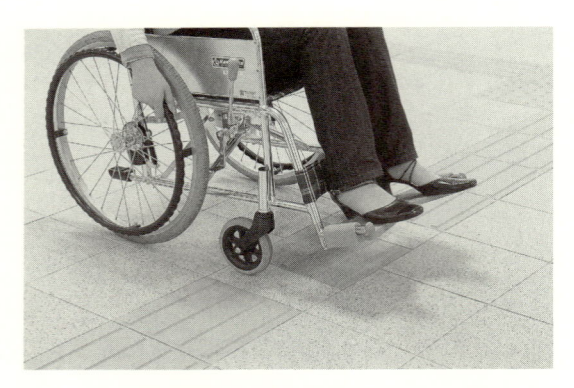

図3-13　福岡市営地下鉄の点字誘導ブロックのすき間
画像提供：福岡市

ザインが必要であるが，それはまだ存在しない。図3-13に示す福岡市営地下鉄の事例では，現状の次善策として点字誘導ブロックにすき間を設け，できる限りユニバーサルデザインに近づけるような工夫が施されている。このようにバリアフリーとユニバーサルデザインの境界線は工夫次第で変えることができる。バリアフリー・コンフリクトを考えつつ共通の解決策を模索することで，より多くの人々がともに「できないこと」を補うのがユニバーサルデザインである。しかし，現実にはこのような対立を予測することは当事者でない限り難しい。そのため，来館者や潜在的な来館者に，検討プロセスの最後に評価のために参加してもらうのではなく，プロセスの最初から「ともに」気づきを得て，解決策を提案する方法が有効である。最寄り駅からのアクセスから展示鑑賞まで，来館者がどのような経験をするか，流れを想定し，できれば多様な来館者とともに解決策を準備すると漏れが少なくなる。

　また，点字誘導ブロックはロビーまでで，展示室には設置されて

いない。動線の固定化などの理由により点字誘導ブロックの設置が無理であれば，スタッフによる誘導サービスや，床の材質を変えるなど，視覚障がいのある人の体験プロセスを総合的に考慮した，点字誘導ブロックに代わる仕組みが望まれる。福岡市博物館では，展示台まわりにあるテーブル面にキャプションが置かれており，手で辿りながら回れるようになっている。また宮崎県立西都原考古博物館（宮崎県西都市）では，図3-14に示すように，手すりに触れることで立体アイコンなどの情報が付加され，福岡市博物館と同様に手で辿りながら回れるようになっており，高齢者や子どもなど，より多くの人にも優しいデザインとなっている。さらに，視覚障がいのある人々や外国人や子どもにも使いやすくした多言語音声ガイドや直感的に使用可能な多言語，絵を用いたわかりやすいキャプションなども，体験プロセスを総合的に考慮したユニバーサルデザインにあたる。

　さらに，集約するだけではなく，選択肢を増やす方法もある。ア

図3-14　宮崎県立西都原考古博物館

クセスマップには，通常の地図に加え，写真で経路を説明した地図や，テキストで最寄り駅からの順路を説明する言葉の地図などの複数を用意することで，バリアフリーからユニバーサルデザインになり，より多くの人が事前に順路の確認をすることができる。特に車いす利用の人は坂道があるかどうか，視覚障がいのある人は三叉路でどちらに曲がるかなどの事前チェックが欠かせない。

　しかし，ユニバーサルデザインは，万能ではない場合もある。障がい者用トイレを多目的トイレにすることは，車いす利用者や人工肛門（オストメイト）を使用している人にとって，利用者の増加により，彼らにとって使いにくい施設になっているというニーズの対立が指摘されている。ユニバーサルデザインにすることで逆にバリアフリー・コンフリクトが生じた例である。このようにバリアフリーを全てユニバーサルデザインにもっていこうとすると無理が生じる場合もあるため，対立をチェックした上で計画を進めるべきである。この場合の理想的な解決策は，全てのトイレを多目的トイレにし，さらに特別な用途に応えるトイレを用意することであろう。

　個別の「できること」から，みんなが「できること」は，共通する価値やいっしょにできることを見いだすアプローチである。和歌山県立博物館（和歌山県和歌山市）が平成23(2011)年度文化庁の助成で行った「さわれる資料を活用した博物館のユニバーサルデザイン化事業」では，図3-15に示すように，視覚障がいのある人々の触察を目的に3Dプリンターを用いた収蔵品のレプリカを作成した。これは，視覚障がいのある人のバリアを取り除くバリアフリーの一環であるが，そこにとどまらず，子どもから高齢者まで，あらゆる来館者が展示を楽しむためのツールとしても考えられている。視覚障がいのある人々の鑑賞に配慮すべきことを理解でき，さらに

図3-15　収蔵品と触察を目的に3Dプリンタで作成
されたそのレプリカ（和歌山県立博物館）

より多くの人々が，展示物の裏側のかたちなど，視覚による鑑賞で
はわからなかった展示資料の価値を触ることで発見し，鑑賞の選択
肢を広げた優れた例でもある。

　来館者同士だけではなく，来館者と研究者とが「できること」を
共有できる例もある。北九州市立自然史・歴史博物館（福岡県北九
州市）では，植物の動きを高速度撮影することで，通常の視点では
見えなかったことを可視化した映像を展示している。その映像は，
展示のために作られた映像ではなく，同館学芸員の真鍋徹らが研究
資料として作成した映像である。このように表現の方法によって
は，研究者の見せたい部分を来館者に伝えることにもつながってお
り，学芸員の研究プロセスを追体験するという効果も含んでいる。

■事例2　日本博物館協会の取り組み：総合的な取り組みへ

　財団法人日本博物館協会は，文部科学省の委託事業として平成

18(2006)年3月に「博物館の望ましい姿シリーズ7」として『誰にもやさしい博物館づくり事業 バリアフリーのために』[20]を発表した。「博物館の望ましい姿シリーズ」では，バリアフリー推進の対象者を，「障害者，高齢者，外国人，子ども」と規定している。具体的な「展示」の達成ポイントについては，「視覚以外の感覚で鑑賞・観察できる展示」「キャプションと照明」「展示の位置」「音の出る展示やビデオや映像による展示」の4分野13項目が挙げられている。このような博物館全般を対象としたチェックリストは数少ない。具体的な取り組み事例も併せて紹介されており，たいへん参考になる。

■事例3 「みんなの美術館プロジェクト」

　美術館の計画や運営に，みんなが「できること」を取り入れた事例に，「みんなの美術館プロジェクト」がある。「みんなの美術館プロジェクト」は，エイブル・アート・ジャパン，横浜市民ギャラリーあざみ野，九州大学が母体となり，市民の視点から美術館のあり方を考える組織「美術館×インクルーシブ×デザイン実行委員会」として2008年に発足した。より多くの多様な人々にとって美術館体験が豊かで魅力的なものになるように，美術館を訪れるさまざまな人の視点から，鑑賞に係る個々の特性の異なった来館者の課題を整理し，その中から抽出された重要課題をもとに今後の美術館デザインに必要な多様な来館者に対応する要件を明らかにすることを目的としている。

　「みんなの美術館プロジェクト」は，2008年から横浜市民ギャラリーあざみ野で，高齢者，親子，障がいのある人など多様な合理的配慮を必要とする市民を中心とした一連のワークショップを行っ

た。ワークショップは，現状のアクセ
シビリティの問題をチェックする調査
ではなく，これからのよりよい博物館
体験の実現を目的としているため，博
物館デザインのハードだけではなく，
展示物などのコンテンツとの関わり，
サービスのあり方について総合的に多
様な市民の気づきの収集を行った。そ
の結果は，デザインノート（図3-16）
としてまとめられ，ホームページで公
開されている（http://www.museumfor
all.org）。デザインノートには，メン

図3-16　「みんなの美術館
　　　　 プロジェクト」
　　　　 デザインノート

バーの「チェックリストにはしたくない，考えるきっかけを与えた
い」という思いが強く働いている。それぞれの項目はイラストで説
明され，専門家だけではなく市民にもわかりやすく表現されている
ため，博物館と市民がいっしょに考えるツールとして活用できる。

■ **事例4　市民団体「ミュージアム・アクセス・ビュー」の取り組み**

　ユニバーサルミュージアム以前からの流れとして「開かれた美術
館」がある。これは，1977年にパリに開館したポンピドゥー・セ
ンター（Centre Pompidou）から始まったが，日本では名古屋市美
術館（愛知県名古屋市）が1989年に「手で見る彫刻展」を開催した
ことに始まる。その後，活動は全国に広がっていった。関西を中心
に行われている「ミュージアム・アクセス・ビュー」も同じ流れに
ある。ミュージアム・アクセス・ビューは，2001年の「2人で見
て楽しむ美術鑑賞会」というワークショップをきっかけに京都で活

動を開始してから，図3-17で示すように視覚障がいのある人々とともにアートを鑑賞する活動を行っている市民団体である。現在では登録メンバーは100名を超え，その内40人が視覚障がいのある人々である。ミュージアム・アクセス・ビューのスタッフ阿部こずえは，「視覚障がいのある人は，美術に興味や関心がない訳ではなく，美術館に行くことや美術に接する機会がないことが課題である」と述べている。ミュージアム・アクセス・ビューの同じくスタッフの光島貴之のように視覚に障がいのあるアーティストもいれば，写真を撮ったり絵を描く人々もいる。特に弱視や後天的に視覚に障がいのある人の中には，そういう人たちがいる。

　ミュージアム・アクセス・ビューをはじめとするギャラリートークのようなグループによる鑑賞は，もともと視覚障がいのある人々にもアートを鑑賞してもらおうという情報保障として生まれた。視覚障がいのある人もアートに関心がある。実際にギャラリートーク

図3-17　言葉による鑑賞ツアーを実施するミュージアム・アクセス・ビューの取り組み

を行うと，障がいがない人からある人へといった一方通行のコミュニケーションではなく，障がいの有無にかかわらず互いに楽しむグループ鑑賞になる。むしろ，互いの違いや多様性によるアートの受け取り方の違いが新たな気づきを生み，鑑賞を深める効果があり，視覚障がいのある人にとっては情報保障以上の価値が生み出され，一般の参加者にとっても鑑賞を深める効果がある。京都大学の塩瀬隆之は，ギャラリートークにおいて「感覚同士の連なりを証明するかのような共感覚的表現」の重要性を指摘し，「とことん主観的に自分の五感が感じたありのままを言葉に表す」共感覚的表現によって，視覚障がいのある人々が美術作品を感じるきっかけになることを述べている[21]。情報保障のマイナスを取り除くというギャラリートークの目的に加え，一般の参加者にも発見をもたらすこのような相乗効果は，みんなが「できること」につながる。

3.3　海外のユニバーサルミュージアムの意味と多様な取り組み

　海外でのユニバーサルミュージアムにも触れておきたい。ユニバーサルミュージアムは和製英語で，海外では異なった意味で用いられている。日本のユニバーサルミュージアムの活動は，海外では「ミュージアム・フォー・オール」が近い考え方である。

　本来のユニバーサルミュージアムは，まったく異なる概念であり，大英博物館館長 N. マグレガー（MacGregor, N.）が 2002 年に提唱した，展示資料の「普遍性（ユニバーサリティ）」とその公開の意義に関する考え方である。その動機は国際的に起こっている展示物の返還要求に対抗する考え方を示すことにあり，世界の著名な五大

博物館[22] がそれに従い，2004 年には共同宣言が ICOM ニュースレターに掲載された[23]。例えば，ロゼッタストーンを世界的な資産として，一般に公開できる場所が「世界はひとつ＝ユニバーサル」な考えをもった博物館であると定義されている。

　グローバルな視点から博物館の意義を論じるアプローチは，より多くの人にアクセスの機会を与える意味ではユニバーサルデザインに通じるが，日本のユニバーサルミュージアムが目指すような社会的包摂（ソーシャルインクルージョン）を目的とした発想ではない。ソーシャルインクルージョンは，1990 年代末に EU を中心に提唱されてきた考え方で，「全ての人々を孤独や孤立，排除や摩擦から援護し，健康で文化的な生活の実現につなげるよう，社会の構成員として包み支え合う」という理念である[24]。今後日本の考えるユニバーサルミュージアムを世界に発信していくにあたり，その違いに注意することが必要である。

　筆者は日本のユニバーサルミュージアム運動は，先進国だけではなく発展途上国にもあてはまるグローバルに必要な考え方であり，海外に対しても発信する意義があると考えている。以下に，筆者が訪れた海外 2 つの事例を紹介する。

■事例1　エクスプロラトリアム

　アメリカ・サンフランシスコにあるエクスプロラトリアム（the Exploratorium）は，F. F. オッペンハイマー（Oppenheimer, F. F.）によって 1960 年に創設された，構成主義やハンズ・オンが実現された科学館である。ゴールデンゲート近くのパレス・オブ・ファインアーツからフィッシャーマンズワーフ近くのピア 15 に移転して 2013 年にリニューアルオープンした。

　エクスプロラトリアムでは，どのように「みんなができること」が実現されているのだろうか。2 階への移動はエレベータによるが，床は段差が無くフラットである。通路は，線状ではなく面のようにゆったりと広く，親子の来館者，電動車いすで自由に動き回る高齢者のグループなど，さまざまな来館者を包容するデザインになっていたことが印象に残った。

　シニア・サイエンティストの P. ドーティー（Doherty, P.）に，視覚障がいのある人たちに好評な展示があるというので案内してもらった。それは海に面した展示コーナーにあり，毎日の波の変化をアクリルで表現した展示であった（図 3-18）。このコーナーでは，長方形のアクリル板を集積し，波打った面を作り出すことで一年間の海面水位の変化を展示している。一枚一枚のアクリル板は，一辺が波状になっており，一日の海面水位の変化を表している。全体を一つのかたまりとして触ることもできるし，特定の日を指定して一枚だけを触ることもできるハンズ・オン展示となっている。さらに，すぐ横のデッキに出れば，そこに海があり，音や匂いで海を感じることもできる。まさに知覚による鑑賞の好事例であった。このような展示はすべて館のスタッフの発想のもとでアーティストが手作りしたオリジナルである。細かい一つひとつの解決策ではないが，館全体に多様な来館者を包容するポリシーが感じられる博物館である。

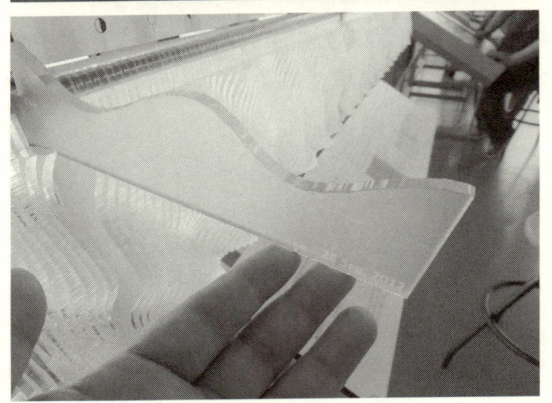

図3-18　エクスプロラトリアムの波の変化の展示

■事例2　ダルウィッチ美術館

　ダルウィッチ美術館（Dulwich Picture Gallery）は，イギリス・ロンドンにある1817年に開館した公共美術館で，レンブラント，ルーベンス，ヴァン・ダイクといった多くの名作を所蔵する美術館である。ダルウィッチ美術館のあるテームズ川の南のエリアはブリ

クストンに近く，決して治安の良い地域ではない。ダルウィッチ美術館はそういった条件から，社会的包摂を館全体のポリシーとしてはっきり打ち出している。教育普及と広報の担当ディレクターであるG.ウルフ（Wolff, G.）をはじめとするスタッフの努力によって，1984年以来，素晴らしいアウトリーチ活動を展開している。来館者の理解を深めるアウトリーチは当然のこと，図3-19に示すような，社会的に排除されていた非行少年グループの少年たちにアートを学ぶ機会を与え，非行から立ち直らせるアウトリーチも行っている。そのほかにも失業者，刑務所の服役囚たち，薬物リハビリ施設

図3-19　ダルウィッチ美術館の外観とコミュニティ
　　　　アウトリーチプログラム

や病院，養護施設の人々など，日本とは比較にならないほど幅広く人々が参加する機会を作り出し，社会的包摂を実現している。

　これらのプログラムは，政府の補助はまったく受けずに，独自に助成金を確保しながら，常に無料で運営されている点も特筆に値する。

3.4　自律的なユニバーサルミュージアム活動に向けて

3.4.1　博物館の４つの柱への市民参加

　「できないこと」の解決，「できること」の具現化，みんなが「できること」の具現化という３つの視点を，展示を中心に説明してきた。ここでは，ユニバーサルミュージアムとして博物館機能の４つの柱への市民参加のあり方についても触れる。

　１つ目の柱の資料の収集・保存については，例えば北海道大学総合博物館（北海道札幌市）で行っているパラタクソノミスト養成講座など，すでに市民参加のさまざまな活動がある。関心はあるがそこに参加できない多様な市民へのアクセスの確保や合理的配慮が必要である。できれば，そのような市民とともに考え，参加「できないこと」をなくしていく取り組みが望ましい。さらに多様な市民の「できること」を伸ばして活かす，学びの場や機会の提供が必要である。インターンシップのように博物館スタッフの仕事を体験できる仕組みなど，相互にメリットのある仕組みづくりが市民参加を持続させるポイントであろう。

　２つ目の柱の調査・研究について，南山大学人類学博物館では，展示空間のすぐ横に収蔵室と実習室があり，バックヤードとフロントの区別がほとんど存在せず，許可さえあれば多様な人々がアクセ

図3-20　エクスプロラトリアムのラーニングラボ

スしやすいようになっている。前述のサンフランシスコのエクスプ
ロラトリアムでも図3-20に示す「ラーニングラボ」のように，多
様なラボが展示空間の中に分散配置されている。

　3つ目の柱の展示，4つ目の柱の学習・普及については，ギャラ
リートークなど多様な市民を対象にしたアウトリーチ活動が盛んに
実行されている。

　1つ目の柱の資料の収集・保存，2つ目の柱の調査・研究につい
ては多様な課題があり，すぐに解決しづらいが，少なくとも能力の
ある協力者を排除しない合理的な配慮から始めることが重要であろ
う。

3.4.2　ユニバーサルミュージアム実現に向けて

　今後のユニバーサルミュージアムへの取り組み方として，まずは
3.2で紹介したユニバーサルミュージアムマトリクスの3つの視点
を理解し，できるところからのロードマップを作成して実行するな

ど，現場の事情にかなった方法を模索することが重要である。さらに，その実現に向けた課題を博物館側で抱え込むのではなく，全体的なビジョンを市民と共有することで，市民とともにユニバーサルミュージアムを実現していくことも可能になってくる。

　マトリクスには，タイプの異なる博物館すべてに対応できるのか，あるいはどのように活用するのかといった課題もある。しかし，ユニバーサルデザインやハンズ・オンの研究者コミュニティが融合できること，来館者との目標の共有ができる（誰にでもわかりやすい）ことが大きなメリットであり，さらに，さまざまなガイドラインや先進事例情報を一元化し，共通点・相違点などの比較による考察ができる利点がある。

　ここで，ユニバーサルミュージアムを導入する際の具体的なプロセスを導入前と導入後に分けて紹介する。この場合の導入とは，新規の博物館とリニューアルの両方を想定している。

　導入前の基本計画段階では，館内スタッフの担当者が計画をすすめるのが一般的であるが，ユニバーサルミュージアム実現に向けた計画の注意点として，ポリシーを策定する最初の段階から館全体のスタッフが参画する機会を設けるなど，ユニバーサルミュージアムへのビジョンの共有が大前提として必要である。福岡市博物館リニューアルの事例では，リニューアルに合わせて，ユニバーサルミュージアムを館のポリシーとしたいという思いがあった。そこで館スタッフのユニバーサルミュージアムへのコンセンサスを醸成するために全員参加による「ユニバーサルミュージアムとは」を考えるワークショップを行い，館長からスタッフまで意識を共有できた。これはその後の持続的な取り組みに大きな影響を与えている。

　また，館内スタッフだけで計画するのではなく，多様な市民とと

もに計画の初期段階から一緒に考えるワークショップの実施も，総合的なユニバーサルミュージアム実現に有効である。メリットとして，一つには，館内スタッフでは気づかない提案が発見できること，バリアフリー・コンフリクトなど多様な視点から事前にチェックできることがある。もう一つのメリットはたとえ館内スタッフの担当が代わっても，初期段階から参加している市民とともにオープン後の改善の際にも持続的な視点で課題に取り組めることである。事例で述べた横浜市民ギャラリーあざみ野を活動の舞台とした「みんなの美術館プロジェクト」では，「美術館×インクルーシブ×デザイン実行委員会」を発足し，多様な市民を巻き込みながら持続的な活動を展開している。

　もし可能であれば，モックアップ（実物大模型）を制作して実際の計画場所に設置し，評価を得ることで提案の質は高まる。福岡市博物館の体験学習室のリニューアルでは，2013年3月に館内の移転先である1階ロビーにモックアップを使用してプレオープンし，そのフィードバックを取り入れて，同年11月に「みたいけんラボ」を正式にリニューアルオープンした。

　次に，導入後段階のメニューとして強調したいのは，博物館評価と得られた気づきをデータベース化することである。さらなるユニバーサルミュージアムを目指し，4つの柱における取り組み内容を継続的に改善していくためには，導入後に評価を行い，得られたデータを蓄積することによって，開館時だけで終わらせないスパイラルプロセスにする必要がある。国立民族学博物館では，毎年2つのゾーンをリニューアルしているが，そのリニューアル後の展示評価について，来館者に何をどのように聞けばいいのか，再検討を行った。目的は，リニューアルを担当する教員から博物館スタッフ

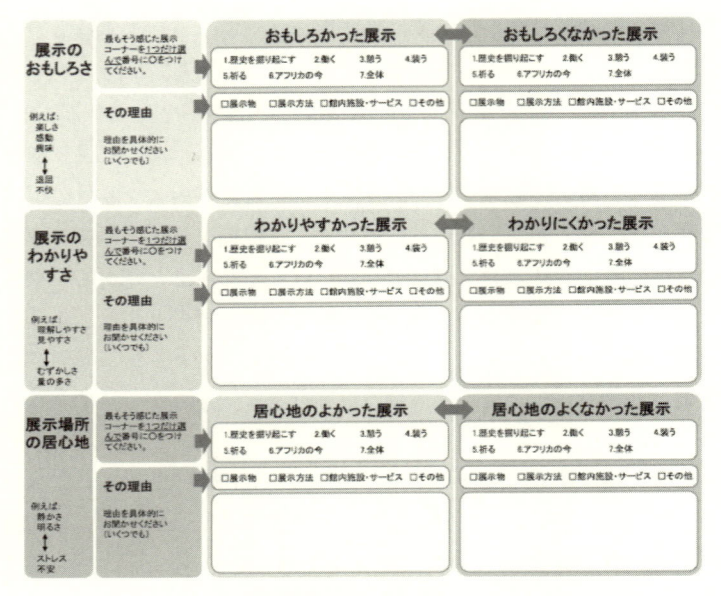

図3-21　新たに導入したみんぱくアンケート

全体まで，リニューアルの検証を共有することにある。その結果，
図3-21に示すように，展示内容と展示手法に詳細項目を分けたア
ンケートを作成し，出口調査で聞き出す仕組みを作り出した。これ
により，もし評価が良かった場合，展示物が良かったのか，あるい
は展示方法が良かったのかを確認できる。さらに評価項目を「展示
のおもしろさ」「展示のわかりやすさ」「展示場所の居心地」に分け，
機能性だけでなく，楽しさや心地よさまで含めてニーズ収集を行っ
ている。このように来館者の声を館内で共有することで，次回のリ
ニューアルや改善への具体的なフィードバックとすることができ
る。このアンケートはユニバーサルミュージアムマトリクスではな

いが，来館者の気づきデータの蓄積や，鑑賞体験と展示デザイン・展示内容との関係性について参考になる取り組み事例である。

　本章では，ユニバーサルミュージアムとユニバーサルデザインについての考え方を整理することで，博物館に求められる課題を概観し，さらに実現のためにユニバーサルミュージアムマトリクスの３つの視点を述べてきた。障害者差別解消法のように，博物館をはじめとする公共施設に合理的配慮を求める社会的な声は高まっている。館全体として推進するポリシーをもった，新たなユニバーサルミュージアムが増えることを期待する。

付記

本調査研究は，日本学術振興会科学研究費助成事業の助成を受けた。
・2010-2012，基盤研究（C），博物館空間におけるユーザー視点からの展示評価の実践的研究，22601006，平井康之．

引用参考文献・注

1：特別支援教育の在り方に関する特別委員会「特別支援教育の在り方に関する特別委員会（第３回）配付資料　資料３：合理的配慮について」http://www.mext.go.jp/b_menu/shingi/chukyo/chukyo3/044/attach/1297380.htm，（参照 2017-05-14）.

2：内閣府「障害者基本計画」http://www8.cao.go.jp/shougai/suishin/kihonkeikaku25.html，（参照 2017-05-14）.

3：田口公則・鈴木智明・奥野花代子・濱田隆士「ユニバーサル・ミュージアムをめざして」『生命の星・地球博物館三周年 記念論集』神奈川県立生命の星・地球博物館　３周年記念実行委員会，1999.

4：濱田隆士「博物館五感論」『生命の星・地球博物館三周年 記念論集』神奈川県立生命の星・地球博物館　３周年記念実行委員会，1999，p.11-12.

5：同上，p.13.

6：濱田隆士「特集 ユニバーサル・ミュージアムと文化環境：INTERVIEW1 二一世紀は「ユニバーサル」の概念によって新たな文化革命が起こる世紀」『カルチベイト』No.12，2002，p.4.

7：オヤオ・シェラ・藤田剛志「初等理科教育におけるハンズ・オン学習」『人文社会科学研究』第 17 号，2008，p.35.

8：「ユニバーサルデザイン 7 原則」
http://satoshikose.world.coocan.jp/7UDP.htm，（参照 2017-05-14）.

9：国際ユニヴァーサルデザイン協議会「国際ユニバーサルデザイン宣言 2002」
https://www.iaud.net/ud2002/jp/welcome/declaration.html，（参照 2017-05-14）.

10：静岡市役所福祉総務課「ユニバーサルデザイン／バリアフリーぷらざ（U・B ぷら）」
http://ud-shizuoka.jp/ubpla/bfud_chigai.html，（参照 2017-05-14）.

11：「高齢者，障害者等の移動等の円滑化の促進に関する法律」の詳細については次の URL を参照のこと。
http://law.e-gov.go.jp/htmldata/H18/H18HO091.html

12：日本工業標準調査会「工業標準化と JIS」http://www.jisc.go.jp/jis-act/index.html，（参照 2017-05-14）.

13：国際標準化機構の「人間工学－人とシステムとのインタラクション－第 210 部：対話型システムの人間中心設計」については，次の URL を参照のこと。
http://www.iso.org/iso/catalogue_detail.htm?csnumber=52075，

14：NPO 法人カラーユニバーサルデザイン機構「CUD とは」
http://www.cudo.jp/colorud/CUD，（参照 2017-05-14）.

15：より多くの人が参加しやすい展示会ガイド作成実行委員会事務局編『より多くの人が参加しやすい展示会ガイド：伝わる見える動ける』財団法人共用品推進機構，2011.

16：同上，p.1.

17：John P. S. Salmen, Universal Designers & Consultants, Inc., *Everyone's Welcome：The Americans With Disabilities Act and Museums*, American Association of Museums, 1998, p.45.

18：ティム・コールトン『ハンズ・オンとこれからの博物館：インタラクティブ系博物館・科学館に学ぶ理念と経営』東海大学出版会，2000，p.5.

19：中邑賢龍，福島智『バリアフリー・コンフリクト：争われる身体と共生のゆくえ』東京大学出版会，2012.

20：日本博物館協会編『誰にもやさしい博物館づくり事業：バリアフリーのために』（博物館の望ましい姿シリーズ７），2006.

21：塩瀬隆之「言葉による美術鑑賞　私の見方　五感を総動員してありのままに」エイブル・アート・ジャパン編『百聞は一見をしのぐ!?：視覚に障害のある人との言葉による美術鑑賞ハンドブック』2004.

22：メトロポリタン美術館，ルーブル美術館，エルミタージュ美術館，ベルリン美術館，大英美術館.

23：2004 年には共同宣言が ICOM ニュースレターは次の URL を参照のこと。
http://icom.museum/media/icom-news-magazine/icom-news-2004-no1/

24：公益財団法人日本障害者リハビリテーション協会情報センター「重要な用語の解説」
http://www.dinf.ne.jp/doc/japanese/glossary/Social_Inclusion.html．（参照2017-05-14）.

4章

博物館映像学からみるミュージアム・コミュニケーションの広がり

　本章では，映像を中心とした企画展示の事例を通して，博物館において映像を博物館と人々とのコミュニケーションに戦略的に活用していく様相を描き，博物館映像学という新しい研究の視点について紹介する。

4.1　映像を中心とした展示から生まれるコミュニケーション

　博物館は，多くの人々との関わりで営まれている。筆者は，映像と博物館の関係について研究しており，映像を通した博物館と人々とのコミュニケーションにも注目している。北海道大学総合博物館（北海道札幌市。以下，北大総合博物館）の企画展示「学船　洋上のキャンパスおしょろ丸」を事例として，映像がさまざまな場でコミュニケーションの重要な役割を担っていく様相を見ていこう。

　2014年度夏季企画展示「学船（がくせん）　洋上のキャンパスおしょろ丸」は，北大総合博物館開館15周年目に行われ，北海道大学が所有する練習船「おしょろ丸」のⅤ世竣工の時機を捉えて開催された。31年間使用されたおしょろ丸Ⅳ世が廃船になり，代替わりすることは北海道大学の大きなイベントであった。北海道大学は，大学院に重点を置く基幹総合大学であり，1876年以来の歴史があり，「フロン

174

ティア精神，国際性の涵養，全人教育，実学の重視」という基本理念を掲げ，教育研究に取り組んでいる。100年以上の歴史をもつおしょろ丸は，以前は航海士の育成を目的としていたが，現在では水圏の持続性を目指す「水産科学」に取り組む学際的な教育研究を推進している。おしょろ丸は，人類の共通財産である海洋分野で，水産科学やその関連分野の研究と実習に取り組む教育プラットフォームとして，世界の水産海洋分野に活躍する人材の育成を目指している。

　学内の教育研究活動を社会へ広く情報発信する使命をもつ北大総合博物館（図4−1）では，おしょろ丸Ⅳ世からⅤ世へ代替わりする2014年度に企画展示を開催することにし，筆者が担当責任者となった。おしょろ丸に関する展示は，北大総合博物館分館である水産科学館（北海道函館市）でも常設されているが，展示物の数は限られていた。おしょろ丸の歴史だけではなく，研究と教育の「今」を伝えるためには，新たな展示物を求めるだけでなく，筆者がおしょろ丸に乗船し，船内の活動を映像で記録して展示に活かすこと

図4−1　北海道大学総合博物館

とした。この企画展示では，映像が重要なパートを占めるものとなった。

　企画展示の準備は3年前から開始した。Ⅴ世の竣工時期の遅れも予想されたため，計画の変更には柔軟に対応することを念頭に置いた。企画展示では，北海道大学の関係者や大学周辺地域住民に，おしょろ丸（図4-2）の活動や水産科学館と北大総合博物館の存在を周知することが大きな目的であった。周知を徹底するには，継続的に話題を提供し，注目を集めるための行動を起こして，時機を捉えて情報を発信し続けなければならない。ポスターやチラシによる地道な事前広報の取り組みは当然である。北大総合博物館のWebサイトや公式Facebookなどのインターネットメディアを活用した情報発信も積極的に行い，効率的に不特定多数に広く知らせた。

　加えて，企画展示の事前広報として，さらに注目を集めることを狙い，開催2年前には北海道大学の学生と教職員に限った学内限定で企画展示のタイトル募集を行った。具体的には，筆者が担当した学芸員養成課程の授業である博物館情報・メディア論を受講した学

図4-2　おしょろ丸Ⅴ世

生 120 名，ほかにおしょろ丸の取材を目的に筆者が乗船した時の乗組員と教員 20 名を対象にして，企画展示の趣旨を伝えて展示にふさわしいタイトルを募った。応募数は 100 件を超え，反響は大きかったといえよう。応募されたタイトルを一覧にし，北大総合博物館の企画展示担当者 5 名の審査により，企画展示にふさわしいタイトルとして「学船　洋上のキャンパスおしょろ丸」を選定した。聞き慣れない「学船」は，造語である。これを名付けた，博物館情報・メディア論を受講していた当時文学部 2 年生の高尾祐太は，「おしょろ丸は海に浮かぶキャンパスのイメージである」として，「学び」と「練習船」を組み合わせたという。本人は，おしょろ丸の存在は聞いたことはあったが，乗船したことも見たこともなかったという。小さな一歩ではあるが，一部の関係者の関心を惹くことができた。展示のタイトルは，端的であり，個性的でインパクトがあるものが望ましい。また，インターネットでの検索結果の表示順にもかかわるため，ほかにはない名称が好ましい。この点で，「学船」はユニークで印象的なタイトルであった。

　学内向け企画展示タイトル募集に続いて，学外，そしてより広くおしょろ丸を知ってもらいたいと考え，全国へ向けてイラスト募集を行った。イラスト作品のテーマは，船や海をイメージまたはモチーフとするとして，企画展示の前年に公募を開始した。期間は 2013 年 7 月 1 日から 10 月 31 日までの 4 カ月間とし，小学生以上であればプロ・アマを問わないこととした。採用作品である最優秀賞（1 点）には，賞状と副賞として現金 3 万円が用意された。広報用に公募サイトへの掲示を行い，全国の博物館や科学館，学校など公共施設へ A2 サイズのポスターを配布して掲示を依頼した。10 歳から 40 歳までの男女から 22 件の応募があり，企画展示担当者 5

名の審査により，最優秀賞には，歴代おしょろ丸が揃って大海原を航行している様子を描いた北海道教育大学の学生松原将隆さんの作品を選定した。博物館長特別賞とした山形県天童市の小学生5名には，北大総合博物館オリジナルのミュージアムグッズを贈呈した。

　このように，企画展示の開催を，タイトル募集やイラスト募集を通じて早い段階で周知した。そして，企画展示の開催日程や場所が確定した時点で，企画展示開催を知らせるポスターとチラシの制作に着手した。イラスト募集ポスターのイメージ（図4-3）を踏襲しながらも，これらとは異なるインパクトのあるデザインを目指した。イラスト募集のポスターデザインも担当したデザイナーの畠山尚には，「大学の練習船をテーマとした企画展示であること」と「ポスターが数多く掲示された中でも目立つ存在でなければならないこ

図4-3「海・船のイラスト募集」
　　　ポスター

図4-4「学船　洋上のキャンパス
　　　おしょろ丸」企画展示ポスター

と」の条件を満たすように依頼した。おしょろ丸は，100年以上の歴史があり，これまでに関わった人たちの数も多く，思い入れの強い関係者が多数存在する。この思いをカタチにしようと，企画展示タイトル「おしょろ丸」の文字が目立ち，白地に赤いラインが際立つ北海道水産学部の旗「北水旗」をモチーフとした印象深いデザインのポスター（図4-4）が完成した。

　チラシには，表面にポスターと同じデザインを採用し，裏面には企画展示概要を掲載した。このチラシは，全国の公共施設のほか，北大総合博物館のある札幌市と北大総合博物館分館水産科学館のある函館市の幼稚園，保育園，小中学校，高等学校の生徒一人ひとりの手に行き渡るように届けた。家庭へと持ち帰ってもらい，確実に保護者の手元に渡ることを期待したからである。その数は約17万枚となり，北大総合博物館の企画展での通常の配布数を大幅に超えるものであった。配布にあたって，札幌市と函館市の教育委員会へ事前に協力申請を行い，配布対象校の生徒数を調べた。チラシの仕分けと発送は，北大総合博物館内に仮置き場や人員の確保ができなかったため，印刷会社から直接各校へ発送した。配布時期は，各メディアへのプレスリリースのタイミングと合うように，札幌，函館とも企画展示の開催2週間前を目安とした。函館市内の小学校で先生からチラシを受け取った児童が，チラシを見て，おしょろ丸で働く父親のことをクラスで自慢していたという話を聞いた。企画展示を通して，おしょろ丸関係者の仕事に対するモチベーションの向上に少しでも貢献できたことは，とても嬉しく感じた。

　企画展示を成功させるために，事前の広報は欠かせない。優れた企画展示内容とすることは必須であるが，それを広く知ってもらうには，広報の方法を十分に検討して適切な予算を配分することが必

要である。企画展示の限られた予算の配分について，企画展示担当者の裁量に委ねられたため，以上のように思い切った広報戦略を立てることができ，多くの人に，おしょろ丸と水産科学館，北大総合博物館の存在を知ってもらうきっかけを作ることができた。

4.1.1　映像を中心とした企画展示

　おしょろ丸に関する展示物としては，初代からIV世まで航海日誌や航海実習で使われた道具，時鐘，北海道大学水産学部の分類学者である疋田豊治（1882-1972）がおしょろ丸を撮影した古写真などが残っているが，数はそれほど多くない。2007年には，水産科学館 総合博物館分館化記念・水産学部創基100周年記念として「水産科学館に蓄積された水産学部100年の歴史」（2007年12月18日〜2008年 2月17日）展が開催された。2010年には「おしょろ丸100周年記念事業」が北海道大学函館キャンパスで執り行われ，おしょろ丸に関する100年間の歴史が整理された。今回の企画展示「学船」では，おしょろ丸の「今」を知ってもらうために，限られた展示物と過去の史料に加え，映像で現在の活動を紹介することとした。

　当初，おしょろ丸の活動を紹介する展示映像やパネルに使用する活動写真は，現場にいる研究者や学生に撮影依頼をすることを計画していた。おしょろ丸に乗船している研究者も論文などに使用するため，調査研究の様子を写真で記録している。しかし，彼らは調査研究を目的として現場に入っており，展示や教育を目的とした写真や映像を撮影する余裕はほとんどない。ある目的をもって撮影された映像は，部分的には他の用途への活用が可能ではあるが，研究用に撮影する映像が展示に活用できるとは限らない。そこで，「学船」

展では，筆者が第三者である撮影者として乗船し，博物館映像学（後述）を研究し，企画展示を担当する者として，取材に臨むこととした。

　おしょろ丸に関連した取材撮影は，3年間に渡った[1]。その間に，北太平洋への1カ月長期航海と北極海航への1カ月長期航海，小笠原諸島父島への10日程度の短期航海に，合計3回乗船し，そこで行われている研究と教育，乗組員の仕事を取材した。また，三井造船株式会社（岡山県玉野市）における新船建造の様子など，31年間使用されたおしょろ丸IV世が2014年にV世へと役割を引き継ぐ様子も記録した。

　撮影は，通常二人体制で行うことが多いが，航海中の撮影では乗船人数の制限があり，一人で対応することとなった。長期航海となると1カ月間海の上で取材活動を続けることになる。このため，電源や編集環境の確保も考慮しなければならない。撮影機材は，業務機を使用する方が堅牢で，映像にも安定感がある。カメラに対応した大きな業務用三脚は，狭い船の上とはいえ，安定した映像を残す上で必要不可欠である。雨の多い日本では防水対策は必要であり，常に潮風が吹く海上では必須である。

　おしょろ丸に乗船中は，一人でカメラと三脚をコンパクトに持って，揺れる狭い船内を移動することに苦労した。特に階段の上り下りには，転がり落ちないように気を遣った。船外撮影では，海へ落ちると命にもかかわる大事故となるため，ヘルメットとライフジャケットを常に身に着けていた。また，狭い船内，長期航海では，毎日同じ乗組員と生活を共にするため，撮影を行う際には場面に応じたコミュニケーションが必要とされる。互いに存在を知らせ，危険がないか確認し合う。航海中の事故を未然に防ぐには，安全面に関

して細心の注意が必要となる。

　航海中は，撮影した映像をすぐに船内で上映することで，筆者の取り組みについて乗船者の理解が深まり，企画展示への期待や関心が高まっていった。おしょろ丸は，洋上を移動する船であるが，北海道大学のキャンパスの一つであることに変わりはない。学内の組織である北大総合博物館がおしょろ丸の活動を映像に記録することに対して，乗船者たちは当初から好意的ではあったが，互いの理解が進むにつれて，カメラを持って取材する筆者も船員の一人として認められるようになったと感じた。互いの信頼関係が構築されると，それまで以上に取材しやすくなる。船内を自由に撮影できるようになり，船内教育用の映像制作を依頼されることもあった。北極海を航海中に太陽が真北に現れる現象の撮影を依頼されて，おしょろ丸の船橋（ブリッジ）から撮影している様子を図4-5に示す。

　企画展示「学船」は，展示室を「仕事」「造船」「教育」「研究」という4つのコーナーで構成し，それぞれについて撮影を行った。「仕事」では，おしょろ丸の安全運行を担当する船員の活動に焦点

図4-5　おしょろ丸Ⅳ世のブリッジで取材する筆者

を当てている。おしょろ丸には 20 名ほどの船員が乗船しており，甲板部，機関部，事務部，海洋調査部と大きく 4 つの部門に配属されている。各部門を同列に扱い，それぞれの役割が明確となるように配慮して撮影を行った。

　機関部の管理エリアである機関室は，船のメインエンジンや発電機が集められており，24 時間動き続けている。機関室内は，高温のなか高速で動く機械があり，機関部員以外は船員であっても自由に立ち入ることはできない。しかし，このエリアの様子を映像に記録し展示等で見せたいというおしょろ丸船長と機関長の意向により，筆者に特別に入室・撮影許可がおりた。機関室へは，担当の船員に案内され，ビデオカメラと三脚，一眼レフカメラを持って入室した。大型エンジンや機械が並び，轟音が鳴り響いている。入室の際に渡されたヘルメットと耳栓を身に着け，カメラを回した。船内でも機関室は特別な場所であると感じる。30 年以上使われた船であるが，金属類はすべて磨かれ，古さを感じない。エンジンが置かれた室内は，オイルなどで汚れていることを想像していたが，床はきれいに掃除され，汚れは一切見当たらない。機関部員は，常に整理整頓に気を遣い，機関室内を見回りながらオイル漏れや水漏れ，エンジン音に異常がないか気を配っているという。

　機関室という場所を見たことのない学生のために，この状態をそのまま記録することが必要だと考え，磨かれた機械とそれが置かれた部屋とは思えないほどにきれいな床も撮影した。このような映像による取材を行う際は，視聴者の見たいという期待に応えるように心がけている。機関室内で活動する船員にとっては日常であっても，この場所へ立ち入ったことのない人にとっては非常に新鮮で驚きと発見がある。30 年経った船のエンジンがこれほどのきれいさ

を保っていることに筆者は衝撃を受け，映像にして残すべきである
と考えた。

　また，機関部の仕事とはどのようなことであるのか，機関部員の
動きを観察し，映像として記録していった。初めて訪れた場所での
撮影は，すべてが刺激的である。その場の雰囲気にのまれやすく，
落ち着いて撮影するのは難しい。しかし，学生や来館者がこの機関
室へ入室して現場を見ることはほぼないだろう。映像を通して，お
しょろ丸の機関室がどのようになっているのか，撮影者が見た機関
部員の活動の様子を見て知ってもらいたいという一心で撮影に臨ん
だ。

　甲板部や事務部，海洋調査部についても，まずは撮影の意図を伝
え，それを理解してもらうことから始めた。次に，それぞれの部門
がどのような活動をしているかを筆者が理解する。乗船前から事前
に組織図や関連書籍で調べてはあるものの，部門間で協力する作業
が多いため，現場で船員一人一人の役割を把握して全体の取材を進
める必要がある。そして，長期航海の後半では，おしょろ丸の船員
一人一人にインタビューし，仕事の内容やおしょろ丸に期待するこ
となどの声をビデオで記録した。展示映像としては，この時の映像
は使用しなかったが，展示パネルや書籍としてまとめる際には，貴
重な資料として活用した。

　「仕事」以外の「造船」「教育」「研究」についても船内や造船所
で撮影した映像は，展示映像として，それぞれ10分程度に編集し，
必要に応じて，テロップを入れた。この長さは，展示室にいすを用
意して視聴していただくことを考慮して決定した。

　そして企画展示「学船」は，筆者の制作した映像作品を中心に，
船の模型や航海日誌，時鐘，蛇輪などの展示物で会場を構成し，

2014年5月20日に北大総合博物館分館水産科学館でオープニングを迎えた。オープニングには，函館キャンパスの関係者が多数集まり，司会を務める学生の「学船，出航！」の合図でテープカットが行われた。当日は，北海道内のメディアが取材に駆けつけ，テレビ番組やニュース，新聞で紹介された。水産科学館における会期中，同館を初めて訪れる市民と，授業で企画展示を見学するなど学内の利用が際立っていた。例えば，新聞やチラシを見て初めて訪れた市民は，「函館キャンパスに初めて入り，水産科学館の存在も初めて知ったが，水産学部が身近に感じられるようになった」「おしょろ丸の研究と教育，船内の様子がよく分かった」と語っていた。また学生たちは「ゼミの指導教員がビデオで話している」「先生がどのような研究をしているのかわかった」「友達がおしょろ丸に乗船し，北極海に行っている様子を見られた」など，映像の中で自分の友人や先生に出会えたことへの言及が多かった。

　同年7月11日からは，函館から札幌へ展示を移し，北大総合博物館にて11月3日まで企画展示を開催した。展示は，3階まである展示室の2階と3階の2室を使用し，会期後半は3階の展示を2階へ統合した。3階は映像とおしょろ丸に関連した展示物を展示し，2階ではおしょろ丸の航海や新船の造船風景を映した映像と写真を展示した。映像は，60インチの液晶モニターを用い，「仕事」「造船」「教育」「研究」の映像コンテンツを上映した。展示映像に関しては，筆者が定期的にモニターの前に立って映像を解説したり，水産学部生による展示解説が頻繁に行われた（図4-6）。展示映像のワンシーンを見た来館者から解説者に質問が寄せられたり，その場に居合わせた来館者同士でも感想を述べ合うなど，さまざまなコミュニケーションの輪が広がっていた。会期中は，博物館ボラ

図4-6　企画展示「学船」展示室で解説する水産学部生

ンティアによるワークショップも随時開催され，おしょろ丸の研究成果としてイカが飛ぶ仕組みを紹介した展示に関連して，イカ型の紙飛行機を来館者が制作した。ほかにも海洋実習に関連して展示室内にロープを用意して，ボランティアによるロープワークの実演指導を行った。このように展示室で筆者や学生，ボランティアが直接対応することで，来館者の興味関心を高めると共に，来館者と北大総合博物館，そして北海道大学を繋ぐきっかけともなった。

　来館者から聞き取ったエピソードは，記録に残した。「祖父がおしょろ丸に乗っていたときの話を何度も聞かされた」「私はおしょろ丸Ⅴ世の設計を担当した。岡山での進水式では，スムーズに進水するかドキドキした」「私の子どもが水産学部の3年生なので，おしょろ丸Ⅴ世に乗るかもしれない」など，関係者も多く来場し，コメントを集めることができた。

　会期中は，函館キャンパスと札幌キャンパスにある図書館とも連携し，関連書籍コーナーの設置や図書館内での特別展示を行った。北海道大学としても1,600トンの船を新たに建造することは大きな

イベントでもあり，北大総合博物館は大学博物館としてその情報を発信する使命を果たすことができた。北大総合博物館と水産科学館，合わせて58,000人に及ぶ来館者を迎え，水産科学館では，1カ月の会期中に，前年度の半年間とほぼ同数の方が来館した。こうして，多くの人の関心を集め，多くの人が運営に関与した企画展示は幕を閉じた。

4.1.2　巡回展示

企画展示終了後，使用した展示パネルと映像をおしょろ丸Ⅴ世に載せ，寄港先での巡回展示を開催した。企画展の準備段階で，巡回展示の開催を決めており，企画展終了後も活用できるように，おしょろ丸の活動を普遍的な観点で紹介する展示パネルと映像を制作していた。

2014年12月には，おしょろ丸Ⅴ世となって初めて横浜港（神奈川県横浜市）と小笠原諸島父島の二見港（東京都小笠原村）へ寄港した際に，それぞれの港で開催した。横浜では，北海道大学の卒業生，特に水産学部の卒業生が多数訪れ，500人を超す来場者を迎えた。父島では，船外にテントを張った展示（図4-7）と船内案内を実施した。来場者は，まずテントでおしょろ丸の「教育」「研究」「仕事」「歴史」を紹介するA0サイズのパネルを見て，学生2名から横浜から父島までの海洋実習の話など展示解説を受ける。続いて，真新しい船内に乗り込んで，教員や船員，学生に引率されて，船内を見学した。船内の学生教室のビデオモニターでは，おしょろ丸での操業実習や北極海での研究の様子をハイビジョン映像で紹介した。

この航海に乗船した学生は，日本大学と帝京科学大学の計40名

図4-7　小笠原諸島父島における巡回展示

ほどで，北海道大学の学生は乗船していない。共同利用に指定されているおしょろ丸は，国内の教育研究機関が利用でき，他大学の学生が海洋実習を目的に乗船することもある。おしょろ丸は，他大学の学生への教育も担い，学ぶ船「学船」として活躍している。今回，他大学の学生は筆者らから指導を受けて，展示解説も担当したのである。

　二見港での巡回展示は，おしょろ丸の入港前に小笠原村の防災無線を通じて朝夕に告知されたほか，入港後には村内のスーパーマーケットなど人の集まる所へポスターを掲示して告知した。船の出航準備のため，3時間のみの開催となったが，その間に100人の来場者を迎えた。父島の人口2,000人に対して5％が来場したことになり，北海道大学やおしょろ丸への関心の高さがうかがえた。小笠原村の方々は，「おしょろ丸は，毎年この時期にやってくるが，今まで活動状況がわからなかった。学生の案内で新しい船にも乗れ，活動も紹介してもらい，良かった。船を持っている北海道大学で学ぶ学生は幸せだ」という感想を話してくれた。寄港先での巡回展示は，

今後も続けられ，パネルや映像は多くの方の目に触れていくことになる。

4.1.3　展示を終えて

　企画展示のために撮影された映像は，巡回展示だけではなく，学内でのほかのイベントにも活用されている。北海道大学への入学を希望する受験生を対象としたオープンキャンパスでは，筆者が撮影したおしょろ丸での教育や研究の映像が上映され，彼らにおしょろ丸の「今」を具体的なイメージとして伝えることができた。

　また，北海道大学では，卒業生を大学キャンパスに招待するホームカミングデーが毎年開催されている。全体プログラムの式典では，大学の活動の今を映像で紹介している。ここでも，おしょろ丸で撮影した映像を活用して，筆者が大学全体の活動映像を制作している。

　本節では，映像を博物館が制作して展示に活かすことで，撮影時には現場の人々との関係性を密にし，展示室では映像やその展示解説をきっかけとして来館者と解説者，来館者同士の会話にも広がりをもたせ，博物館と人々とのコミュニケーションを実現した事例を紹介した。さらにそれを展示以外の大学のイベントに活用した事例も示した。映像を中心とした企画展示から始まり，その後も，かかわる人々によってカタチを変えながら活用されていく。映像の利用が広がり，受け継がれていくことによって，さらなる可能性が感じられた。

4.2 博物館映像学 —— 学術映像標本から広がる新たな研究の視点

　筆者は，前節で紹介した博物館の企画展示以外にも，博物館と映像に関するプロジェクトに取り組んできた。消えゆくモノを映像で残す1つのプロジェクトを紹介しよう。

　2010年，すでに廃鉱となった足尾銅山（栃木県日光市）の現状を映像で記録することを目指した「足尾アーカイブプロジェクト」に参画した。足尾銅山は，明治期に当時最先端の科学技術が導入された鉱山である。しかし，明治時代に足尾鉱毒事件が表面化し，1973年に閉山した後も「負の遺産」というイメージが社会に根付いていた。当時使用されていた施設は解体が進み，その頃の面影は徐々に失われ，当時の営みは過去の出来事となりつつあった。

　足尾アーカイブプロジェクトは，財団法人放送文化基金と文部科学省科学研究費補助金の研究助成を受け，筆者のほかに科学ジャーナリストの小出五郎，小野崎敏（日鉄鉱業株式会社名誉顧問），藤田貢崇（法政大学教授），西成典子（大妻女子大学教授），永田浩三（武蔵大学教授），須川遥（Webデザイナー）から構成された研究チームで取り組んだ。主な目的は，古写真のデータベース化と映像記録・制作の2つであった。小出五郎はプロジェクトの総指揮を執り，映像制作におけるプロデューサー，およびシナリオとナレーション原稿の執筆を担当した。残念なことに，取材や撮影，仮編集が終わり，映像作品が完成する直前の2014年1月にこの世を去った。生前は，NHKの解説委員を務め，ジャーナリストとして活躍し，多くの番組を残した。足尾アーカイブプロジェクトの映像作品は，小出五郎の遺作ともいえる。映像制作は，小出五郎と筆者が担当（図4-8）

図4-8　小出五郎（左）と筆者（右）足尾銅山跡地にて

し，藤田貢崇が撮影に同行して撮影を支援した。

　筆者の役割は，足尾銅山跡地の現在を映像で記録し，映像作品を制作することである。足尾銅山の過去の記録は，古河鉱業（古河機械金属株式会社の前身）の専属写真師小野崎一徳（1861-1929）がガラス板に銀化合物を塗布したガラス乾板で撮影していたが，戦時中の金属回収によって相当数が没収された。しかし，小野崎一徳の孫にあたる小野崎敏は，一徳の撮影による散在していた多数の写真を収集していた。小野崎一徳が撮影した写真は，鉱山労働者の生活や周辺の森林伐採，銅山内部の様子が克明に記録されており，当時の人々がどのように科学技術を受け入れていたかを明らかにするための重要な資料である。そこで筆者は，現存する小野崎一徳の写真と，筆者が撮影する記録映像を組み合わせて，映像作品を制作することとした。

　筆者らが行った映像記録・制作について紹介しよう。現在，足尾銅山では，当時の工場や跡地は取り壊され，過去を忘れるかのように周辺の緑化が進められている。多くの敷地は立ち入り禁止となっ

ており，自由に撮影できない。跡地を管理している古河機械金属株
式会社に映像記録の意図を説明して撮影許可を得る必要があった。
許可を得るために，申請書類を作成し，担当者と打合せを重ね，撮
影許可が下りるまでには，1年ほどの時間を要した。跡地が消えて
更地になる前に，なるべく早く撮影したいと気持ちは焦ったが，撮
影を順調に進めていくにはまず，当事者間の信頼関係の構築が必要
である。

　次に，小野崎一徳の撮影した古写真と対比した今を伝えるため
に，古写真がどこから撮影されていたか確認する作業が行われた。
場所を探す作業を映像用語では，ロケハン（Location hunting，ロ
ケーション・ハンティングを略した用語）と呼び，撮影場所を探して
どのポジションから撮影するか目安を付ける。足尾で生まれ育った
小野崎敏は，子どもの頃から足尾の山々を歩き回っていたため，祖
父である小野崎一徳が撮影した場所がどこであるかの見当はおおよ
そついていた。古写真に映し出されている現場の地形や建物の配
置，見える角度などを頼りに，撮影場所を割り出した。明治・大正
時代に撮影された古写真と現在を比較し，自らその場に立ってみ
る。古写真には，煙の上がる工場や坑道の入り口の前などで男たち
が削岩機やスコップなどを手にしている様子が写っている（図4–
9）。その古写真を手にし，実際に見える風景に重ねてみるが，当
時の活気ある風景は見られない。

　ビデオカメラによる撮影は，新緑の季節から始めた。施設は木々
に浸食され，建物の壁に根が生えて大木となっているものもあり，
植物の生命力が感じられた。一方，足尾銅山は鉱山開発と製錬事業
の発展に伴い，大気汚染による環境汚染が深刻化し，足尾周辺の
木々はすべて枯れ果てていたのであった。過去と現在の間に立って

図4-9　削岩機を用いて作業する様子を伝える古写真

撮影：小野崎一徳

いることを肌で感じながら，ビデオカメラを回した。年3回足尾へ通い，3年ほどかけて撮影を完了した。この間にも，工場跡地を更地に戻す作業が進み，当時を伝える設備は次々と消えていった。

　撮影対象は風景だけでなく，当時の様子を知る人へのインタビューも実施して記録した。インタビューに協力していただける方，足尾を語ることのできる方を探すことは困難であった。企業城下町として賑わった足尾は，すでに多くの住民が去って，今では静かな街となり，高齢化も進んでいる。数名の候補者を見つけたが，体調不良などの理由で，実際に対応していただけたのは，プロジェクトメンバーであり古写真の所有者でもある小野崎敏だけであった。ご自宅でお話を伺うこともあれば，早朝から筆者らと一緒に足尾周辺の山々を登った現場で語っていただくこともあった。簡潔で明快な語り口調で，足尾の当時がどのような場所であったかを適切に解説していただき，貴重な証言を得ることができた。

映像記録・制作と並行して行った古写真のデータベース化についても紹介しよう。データベース化は，残された写真を一枚一枚スキャンしてデジタル化し，タイトルをつけてハードディスクへ保存した。保存したデータは，インターネットを通じて全世界へ公開している。公開する古写真は，何が写っているかを確認できる程度の解像度としたが，研究や教育を目的としてより高解像度なデータが必要な場合には，管理者を通じて提供できるようにした[2]。

　筆者が新たに撮影した映像とデジタル化しデータベース化された古写真を組み合わせ，さらにナレーションを吹き込み，オリジナルの BGM を加え，15 分の映像作品「足尾銅山の光と影」を制作した。失われつつある足尾銅山の今を記録することを優先させねばならなかったため，映像作品の活用については未定であった。作品完成後，多くの人に足尾銅山の真の姿をさまざまな角度から再発見してもらうために，2005 年に設立された足尾歴史館（栃木県日光市）の常設展示室で上映することになった。

　同館には，市民や観光客だけでなく，学校見学で小中学校の児童も多く訪れる。筆者は制作した映像コンテンツが展示や教育に活用されることを間近に見て，映像のもつ可能性を感じる一方で，作品には使用されなかった多数の映像素材を含めて，撮影した素材すべてを活用できないかと考えるようになった。例えば，対象を限定して，小中学校・高等学校の授業やジャーナリストの教育など，博物館での展示以外に活用することも可能であろう。映像記録・編集のために撮影された映像素材は，20 時間を超えている。仮に，この映像素材が古写真のデータベース化のように整備され公開されれば，足尾の研究や，その他の人々のニーズに合わせて，再編集・再利用が可能となる。

　通常，作品として編集された映像コンテンツは，図書館で視聴できたり，有料のレンタル業者を通じて貸し出すこともできる。しかし，撮影された映像素材のすべてが映像コンテンツに利用されたわけではなく，利用されなかった映像素材は世の中に出ることもない。映像コンテンツ制作者が保管・管理し，再利用されることなく，いずれ消えていくことがほとんどである。

　博物館における展示映像の制作においても，制作に関係した映像素材は，制作会社が保有する。数年先までであれば制作会社で保管している可能性はあるが，数十年先までは，その保証はない。また，納品後に，制作依頼した側が当初の目的と異なった使用方法や映像コンテンツの再編集を希望する場合は，映像活用に関する再契約や別途費用が発生することもある。

　足尾のような特定のテーマの映像素材だけでなく，質の高い映像素材を組織的に集め，体系化することができれば，映像の発展的な利活用につながると考えた。この体験が，次項に紹介する「博物館映像学」という研究の視点を得る第一歩となった。

　博物館と映像の親和性はとても高く，博物館の展示には必ずといってよいほど映像展示が行われている。展示に使用されている映像は，静的なスライドショーのような場合もあるが，動きと音を組み合わせた臨場感あふれる動的な映像が上映されている場合もある。このように，表現力が高い映像を展示室で効果的に活用する動きは古くから始まっており，今後，博物館にさらに映像が浸透し，その役割が重要になってくることは十分予想できる。しかし，今まで博物館における映像の活用方法を体系的に研究している研究者は，存在しなかった。筆者は，足尾アーカイブプロジェクトと4.1で紹介した「学船　洋上のキャンパスおしょろ丸」展に関連する取

り組みを通して，博物館における映像の多角的な活用について研究する「博物館映像学」という研究の視点について構想をまとめていった。そして，第8回博物科学会（宮崎大学農学部附属農業博物館，2013年5月30日）で「博物館映像学：新たな研究分野としての可能性」という演題で，この研究の枠組みについて初めて紹介した。

4.2.1　博物館映像学の枠組み

「博物館映像学」という新しい研究の概念を説明しよう。一般に，映像加工や処理が施されていない，編集する前段階の撮影した時の映像データを「映像素材」と呼ぶ。映像素材は，展示室で上映されている映像コンテンツを指すのではない。博物館の収蔵庫には，古生物，岩石，鉱物，植物，昆虫などの分野の標本や史料など，実体をもつモノが収蔵されている。そして展示室には，来館者が見たり，時には触れることができるモノが展示される。博物館映像学では，映像素材を博物館の標本や史料と同意義と捉え，「学術映像標本」と位置づけることにする。この学術映像標本を中心にして，他の分野と同様な博物館活動を展開すると考えてみよう。研究者や学芸員が対象物を標本として収集して保存するように，事象を映像として収集し，博物館で保存する。それらの学術映像標本を編集することにより，映像コンテンツが生成され，教育や研究，展示などに活用することができる。博物館映像学では，このような学術映像標本を核にした活用のあり方について研究する。学術映像標本を核にしたその博物館映像学の概念図を図4-10に示す。

　次項では，学術映像標本に関連する事柄やアクティビティを一つずつ説明していこう。

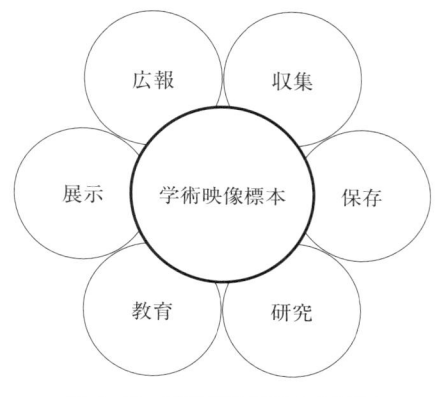

図4-10　博物館映像学の概要図

4.2.2　学術映像標本を中心とした6つのアクティビティ

(1) 収集

　学術映像標本は，教育や研究，展示に活用し，後世へ残す映像として収集する。映像の収集には，ビデオカメラやデジタルカメラなど撮影機材が用いられる。主に対象物の動きを連続して記録し，音声も同時に記録するが，映像のみ記録する場合もある。学術映像標本は，基本的にスナップ写真やプライベートな映像は含めない。博物館映像学では，撮影した映像素材を研究や教育，展示など多方面に活かすことを目指している。映像を誰に対し，どのように，いつ見せるのかを，多くの活用場面を想定しながら記録する必要があるが，すべての活用場面を想定することはできない。とはいえ，質の高い映像を撮影し，それをワンソース・マルチユースとして他の用途にも活用できるような質の高い撮影を心がけることを目指していく。

ビデオカメラでの撮影は，三脚を使用して安定した映像を撮ることが基本である。ビデオカメラを手で持ち手軽に撮影することは，できるだけ避けるべきである。映像に関する知識と撮影技術を習得する必要がある。学術映像標本を収集する人に求められる資質としては，博物館での活用を見越した俯瞰的な収集を心がけるため，博物館に関する知識は不可欠である。加えて，映像に関する知識や技術も必要であり，バランスの取れた構図，バランスの取れた機材選び，バランスの取れた撮影計画など，さまざまな面で「バランス」が求められる。そして撮影経験を積む必要がある。環境が異なるフィールドでの学術映像標本の収集をどのように収集すべきか，マニュアルの作成も博物館映像学の研究範囲となる。学術映像標本として普遍性をもって収集すべき必要な要素を理解し，学術映像標本を取り扱える研究者や学芸員，博物館スタッフが増えることを望む。

（2）保存

　学術映像標本を保存するためには，対象物や音声，収集時の状況などメタデータを学術映像標本に的確にタグ付けし，記録フォーマットや映像の権利などに配慮する。映像は創作物であり，撮影者と制作者が存在する著作物である。博物館映像学では，博物館における著作物として映像の取り扱いも研究の視野に入る。

　デジタル化された映像は，他分野の標本を保存する標本庫のような広いスペースを必要としないが，映像は取り扱うデータ量が大きく，大容量の記憶装置や映像を高速で処理する電算装置が必要である。データベースによる一元管理が望ましく，デジタルデータを取り扱う知識が必要である。博物館で保存する標本は数百年のスパン

で残していくものである。一方，映像は，この世に誕生してから100年に満たず歴史が浅く，その保存方法は定まっておらず，フィルム，テープ，メディア，クラウドへと劇的な変化を遂げている。5年前にテープへ記録した映像を再生したいと思っても，再生機器が正常な状態で動かなければ見ることはできない。再生はビデオの記録方式に依存することも多く，ビデオテープにはさまざまな規格があり，ビデオテープの大きさや再生録画の回転速度，記録方式は機材メーカーの独自規格である。記録した画質の違いが再生に影響する場合もある。モニターの表示規格の違いが影響する場合もある。以前は4対3と呼ばれていたブラウン管主流だったテレビが，現代では16対9の薄型液晶テレビに変わってきた。今後5年もすれば，さらに高画質化が進み，4Kや8Kと呼ばれる超高精細画像のテレビ，モニターが主流になってくる。

　一方で，映像をテレビやモニターで視聴するだけでなく，パソコンやタブレット型端末での視聴が日常的に行われるようになった。インターネットを介して配信された映像を誰もが手軽に視聴している。パソコンで視聴する映像は動画と呼び，映像と区別することもあるが，ここでは，パソコンで視聴する動画も映像とする。パソコンで視聴する映像を見るには，映像再生用のアプリケーションソフトが必要であり，映像データの規格でもあるファイル形式や情報量の多い映像を圧縮したり再生したりするコーデック（Codec）という装置やソフトウェアにも依存する。映像を視聴する環境は多様化し，一つの映像がもつ情報量もますます増えてくる。映像は，機材への依存度が高く，容易に保存できる一方で，そのまま何も手を加えず長期保存することは難しい。博物館だけでなく映像を取り扱う人にとっては，撮影した映像データの保存方法は，常に手探りの状

態が続いている。映像がフィルムやテープの時代はモノとして映像を残すことが可能であったが，デジタル化が進み映像がデータとなってからは，モノとして残すことが難しくなった。

　先に紹介した，企画展示「学船　洋上のキャンパスおしょろ丸」に向けて撮影を始めた当初は，業務用ビデオカメラを使用し，記録メディアにデジタル記録されるテープを主に使用していた。しかし，ビデオカメラの機材を入れ替え，メモリーカードへ直接記録するようになってからは，撮影した素材は，テープではなくハードディスクで保存するようになった。画質は上がり，管理しやすい反面，ハードディスクの故障などにより瞬時にデータを喪失してしまう危険性がある。ハードディスクにも寿命があるため，定期的にコピーを繰り返しながら映像を保存していく方法をとっている。一時期は，テープへの書き出しやデジタルデータをそのままテープへ保存する方法，ブルーレイディスクへデジタルデータを保存する方法などが提案されたが，いずれも記憶容量やデータの読み取り機器に依存するため最善策とはいえない。長期的な保存方法には，何らかの対応策をとらなければならないと考えているが，今後のIT技術の方向性を予測することは難しく，進展も早いため，映像の保存方法は課題となっている。

　30年後におしょろ丸Ⅵ世が建造される頃には，Ⅴ世を撮影した映像が必要になってくるかもしれない。しかし，現在の保存方法では，わずか10年先まで映像を保存することさえ難しい。学術映像標本の長期保存についての研究は，博物館映像学の重要な一局面である。

（3）教育

　映像を教育に活用する動きは，学校教育や社員研修などで幅広く見られ，インターネットを活用した映像教材の活用に関する議論も盛んになってきた。長年，大学の講義は，講師が壇上に立ち，黒板やホワイトボードへ板書して授業を進める形態がとられてきた。パソコンが普及してからは，スクリーンにテキストと写真を投影して表示するパワーポイントを利用したスタイルが主流となっている。

　筆者の所属する北海道大学においては，受講者の学習効果をこれまで以上に高める全学的な教育改善の取り組みとして，授業に映像を取り入れるようになった。例えば，事前事後学習として，受講生自らインターネット経由で映像教材を視聴し，学習する。これまで，予習復習は，レポートの作成や調べ学習を各自が行っていたが，共通した映像教材を見ることによって，本来教室内で行っていた授業を一部簡略化できるようになった。これにより，教室内では，受講生間のディスカッションや実習作業など，受講生が集まらなければ行うことのできない活動や作業に時間を割けるようになった。今後は，博物館に限らず教育の現場でも，映像をさまざまな教育活動に活用する動きが加速することが予想される。

　教材として成立する映像を制作するためには，映像に対する知識や経験が必要である。しかし，授業を行う教員には，映像制作を学ぶ時間や経験を積む余裕はない。授業を行う教員と一緒に事前事後学習に役立つ教材制作を行い，教育効果が上げていくことが求められている。

（4）研究

　研究に映像を利用する事例は少なくない。4.1で紹介した企画展

示「学船　洋上のキャンパスおしょろ丸」の取材では，多くの研究者が北極海での調査のために長期航海に乗り合わせた。彼らは，地球温暖化の謎を解明するためにさまざまな角度から調査研究に取り組んでおり，その一つに海底の堆積物や水中生物の生態の目視調査が含まれていた。海面は，船から目視できるが，海中となると研究者自ら潜るか，水中カメラなど何らかの道具を使わなければ，見ることができない。おしょろ丸では，水中カメラを搭載した遠隔操作無人探査機（Remotely operated vehicle：ROV）を海中に投入し，海の中の様子を調査した。この時に撮影された映像は，研究者自身の手により保存され研究に活用されていた。

　このような映像利用とは異なり，多角的な映像利用を想定して収集した学術映像標本を研究に活用した事例を紹介する。筆者と生物地球化学の研究者・柴田英昭との協働により，北海道大学の森林の物質循環をテーマとした新たな知見を探求する取り組みが行われている。そこでは，北海道大学の広大な研究林の一つである雨竜研究林（北海道幌加内町）をフィールドに，筆者が研究林内の四季を学術映像標本として収集し，研究者の参考にもなる学生・市民向けの視覚情報教材「全天トレイル」を開発している。

　「全天トレイル」は，Webサイトで森林内の様子を映像とWebサイトで視聴する教材であり，通常のカメラと全方位カメラで撮影した映像と写真，研究データで，研究林内の様子を紹介している。映像では，雨龍研究林をフィールドとしている研究者自らが現場に立って解説を加え，フィールドでの植生や土壌の調査方法，季節ごとの植生の違いなどを説明している。森林を研究している研究者は，世界各地に散在しているが，彼らのフィールドをこのように多角的な教材としてインターネットで公開した例はなく，ユニークな

図4-11　全天トレイル制作に向けた取材風景
雨龍研究林（北海道幌加内町）にて

取り組みとして評価されている。

　図4-11は，マイナス10度を下回る環境の中で，雪に覆われた森林の様子を学術映像標本として収集している様子である。全天トレイルで使用，もしくは使用しなかった学術映像標本はすべて保存し，新たな研究に活用していく。

　このように，映像が研究に活用される場面は広がりを見せつつある。

（5）展示

　博物館映像学の取り組みとして，来館者の理解を促すために学術映像標本を用いて，展示室でのモニター上映や動画配信するための映像コンテンツを制作する。展示室では，展示物やパネルを補完し，あるいは独自に意味づけした映像を上映し，来館者の理解を深めてもらう。上映方法についても，テレビモニタやプロジェクタによる投影を行ったり，モニタやスクリーンのサイズを考慮するなど見せ

方は無数に存在する。無音で上映するより音声付きで上映する方が，臨場感があり，来館者の興味関心を惹くことができる。ただし，他者の観覧を妨げないような配慮も必要である。来館者が一つの展示へかける時間は，それほど長くないため，適切な上映時間の長さの映像コンテンツを上映することを心がけるべきである。学術映像標本の展示への効果的な活用方法を研究していくことは，博物館映像学の研究の重要な局面である。

先に紹介した，企画展示「学船　洋上のキャンパスおしょろ丸」では，10分程度の映像コンテンツ4本を2台のモニターに分けて上映した。企画展示に合わせて出版された書籍『学船　北海道大学洋上のキャンパス おしょろ丸』[3]では，映像と文章と写真のメディアミックスとして，書籍には，スマートフォンやタブレット端末にインストールしたアプリケーションを起動し，カメラで書籍に掲載された写真をスキャンすると端末画面に映像が流れるAR技術を採用した。AR技術で再生する映像は，収集した学術映像標本から新たに「造船」「研究」「教育」「仕事」の4映像コンテンツを制作した。例えば，「造船」では，2014年に竣工したおしょろ丸V世の進水式の様子を紹介し，「研究」では，クジラやイルカなど鯨類の研究者の活動の様子を短い映像コンテンツとしてまとめた。「教育」では，日本大学や帝京科学大学の学生がおしょろ丸V世を実習で使用したときの活動の様子を紹介した。動きや音，研究者の語りなどを伝える映像は，文章や写真とは異なった，より具体的な表現ができる。学術映像標本を展示と書籍それぞれに相互にリンクさせ，学術映像標本の活用が展示に関連して多様な広がりをもちうることを示すことができたといえよう。

（6）広報

　博物館映像学での広報とは，展示とは異なった目的で学術映像標本を外部へ発信することを指す。例えば，大学博物館の場合であれば，研究や大学のイベント等を学術映像標本として記録し，博物館で保存しておけば，必要に応じて大学のホームページやイベントで発信することができる。4.1.3で紹介したように，おしょろ丸に関する学術映像標本は，北海道大学のオープンキャンパスやホームカミングデーに活用された。また，研究者が博物館にある学術映像標本を活用して学会発表などでインパクトのある研究成果を紹介することができれば，上記の意味での広報といえる。

　公共博物館や企業博物館においても，学術映像標本を自館の展示のみに活用するのではなく，自館の広報に利用することもできるのではないだろうか。

4.2.3　むすびに

　博物館映像学という新しい研究の視点を着想するきっかけとなった「足尾アーカイブプロジェクト」では，消えゆく歴史を映像で保存し，博物館における展示映像として上映した。その後，映像を中心とした企画展示「学船　洋上のキャンパスおしょろ丸」を通して，学術映像標本を博物館活動の多方面に活用し，博物館と人々のコミュニケーションを広げ，映像のもつ可能性が大きいことを証明できたと感じている。映像の歴史はまだ浅いが，映像はこれからの歴史の中でさまざまな事象を記録し伝え，さらに博物館と人々をつなぐコミュニケーションツールとしての役割を担っていく可能性を十分にもっている。

　映像を，映画会社でもテレビ局でもなく，博物館が扱うことによ

り，人類共通の財産として後世へ残せる可能性は増すであろう。一方で映像に関連した機器類の進歩は目覚ましく，次々に新製品が世の中に出てくる。映像は，このような機器類への依存率が高く，著作物としての権利も複雑に絡み合う。これらの課題に立ち向かい，学術映像標本を中心に，「収集」「保存」「教育」「研究」「展示」「広報」との関連性を明確にし，活用のあり方を研究することが博物館映像学という新しい研究の視点である。映像を作るのは人であり，人に対して映像を残していく。博物館が映像を扱うには，映像標本の取り扱い方，展示映像の制作方法など，映像を積極的に利用するための実践的な教育が必要となってくる。博物館が映像を学術映像標本として保存し，活用することにより，博物館と人々とのコミュニケーションを深め，博物館に新たな価値が生まれることを目指し，この研究を進めていきたい。

付記

本調査研究は，日本学術振興会科学研究費助成事業と放送文化基金の助成を受けた。

・2010-2011，若手研究（B），足尾銅山の科学技術史を示す写真のデータベース化と環境教育・社会科学への応用の研究，22700838，藤田貢崇．
・2015-2019，基盤研究（C），森林生態系に関する視覚情報教材「全天トレイル」の開発，15K00956，藤田良治．
・2011，財団法人放送文化基金，足尾銅山の教訓を世界が学べるためのデータベースの作成と発信，足尾銅山・映像データベース研究会／代表者小出五郎．
・2012，財団法人放送文化基金，足尾銅山の教訓を世界が学べるためのデータベースの作成と発信-2nd ステップ，足尾銅山・映像データベース研究会／代表者小出五郎．

引用参考文献・注 ————————————————

1：藤田良治「PART2　制作編：フィールドと映像のさまざまなかたち　3.
博物館映像学の観点からみた北極海における撮影の意義」分藤大翼・川瀬
慈・村尾静二編『フィールド映像術』（FENICS 100万人のフィールドワー
カーシリーズ15）古今書院，2015.

2：藤田貢崇・藤田良治・西成典子・永田浩三・小野崎 敏・小出五郎「足尾
銅山で撮影された写真のデータベース化」『法政大学多摩研究報告』27，
2014，p.39-44.

3：藤田良治・湯浅万紀子編著『学船：北海道大学洋上のキャンパスおしょ
ろ丸』中西出版，2014.

5章

事例研究

　本章では，国立民族学博物館と九州大学総合研究博物館，明石市立天文科学館の教育活動に関連する事例について紹介する。大学共同利用機関，大学博物館，プラネタリウムを設置している天文科学館，それぞれの場で研究と博物館活動を展開している執筆者による論考の視点は，多岐にわたる。展示室における情報提供の諸相に込められた戦略，利用者同士あるいは利用者と研究者との相互作用が生じる博物館体験，博物館の教育活動における場のもつ力と教育活動に関与した人々の体験の記憶。そして，生涯学習の場としてさまざまな人の思いに応え，多様な教育プログラムを展開し，継続した関与を生み出す取り組み。

　いずれの論考でも，展示や解説，教育プログラムを提供する人の意図が語られ，それに参加する人の様子が描かれる。博物館，そこは，資料を保存していくだけではなく，資料にまつわる情報を一方向に伝えるだけでもなく，展示を含めた教育活動を博物館職員が運営し，それに人々が参加し，コミュニケーションが生まれている場である。博物館の教育活動に関与する人々の体験の意味に注目して読み進めていただきたい。

民族文化を伝える手法と課題
—— 国立民族学博物館における取り組み

A. はじめに

　本章の目的は，学術研究の成果や知見，それらから生み出される専門知識を博物館において利用者に伝え共有していくための手法とその課題について考えることである。具体的には，1974年に創設された国立民族学博物館（大阪府吹田市。以下，民博）における民族誌展示に関わる取り組みを紹介しながら，これらの課題について考えてみたい。

　民博は博物館という名称をもってはいるが，制度的には大学共同利用機関の研究所と位置づけられている。このことが意味するのは，公立の博物館の多くが，資料の収集，保存，活用を通して社会教育に資するという役割を期待されているのに対して，民博の収蔵資料や関連したデータベース，展示場や図書館を含めた各施設は，大学をはじめとする高等学術機関によって研究や教育に活用されることを基本的な目的として設けられているということである。

　同時に，展示場は公的な空間に存在し，研究者や大学（院）生だけではなく，広く一般市民にも開放されている。人文社会系の諸分野，とりわけ民族学や文化人類学，その関連分野における研究成果や新たな知見がわかりやすいかたちで利用者に伝えられるとともに，それらの知識をもって利用者が自律的に知的探究を実現する環境を整備することが求められる。大学共同利用機関の役割を果たし

つつ，学術研究と一般社会との距離を縮めることは，社会の知的成熟度を高めることのみならず，将来にわたり学術研究を社会が支える基盤をつくるという点において取り組むべき重要な課題であろう。

　学術研究に関わるどのような情報をどのような手段を通じて利用者に提供することが可能であるかを考えることは，こうした課題に取り組む上での一つの切り口になる。

B. 博物館における情報伝達の手段とその限界

　表1は，筆者なりにまとめた民博の展示場において情報を博物館側から利用者に提供する手段である。博物館側から利用者側に伝えられる情報は，おおむね，①博物館の利用方法に関する情報，②展示の内容に関する情報，③民博の研究活動に関する情報に分類することができる。これらはさらにその内容によって下位分類されていく。例えば，展示資料の名称や収集された地域，使用していた民族といった基本的な情報と，それが現地社会で使用される状況や社会における文化的な意味とでは，どちらも②に属する情報ではあるが，その量や性質には少なからず違いがある。

　それぞれのメディアが伝達できる情報の量や内容は異なっており，どのような属性をもった情報を伝達するために，どのようなメディアを利用するのが適切であるかを慎重に判断していく必要がある。また，それぞれのメディアは一様ではないことにも留意しておく必要があるだろう。パンフレット一つをとっても，対象となる年齢によって使用する言葉の選び方や漢字の使用率，文字の大きさなど，実にさまざまな条件に配慮していく必要がある。

　逆のこともいえる。すなわち，展示場は限られた空間であり，博

表1　民博内における情報提供の空間配置

		個別の展示場内					インフォメーションゾーン				展示場共通		展示場外
		キャプション	解説パネル	情報端末	映像ディスプレイ	展示場解説シート	ビデオデータ	マルチメディア端末	情報展示場	インフォメーション	みんぱく電子ガイド	展示場内総合掲示	図書館
展示資料の情報	展示資料の基本情報（地域、国、資料名、民族名、材質、展示履歴等）	◎	○	○	○	◎		◎	○	◎(※1)	◎		
	展示の主題、内容		◎	○	○	◎		◎	○	◎(※1)	◎		
	展示に関連した現地の情報		○	○	○	◎		◎	○	◎(※1)	◎		
研究成果に関する専門的情報	①研究速報									◎(※1)			◎
	②著書、論文、学会発表等									◎(※1)			◎
研究分野に関連した情報	①人類学、民俗学の基礎知識、概念						◎	◎	○	◎(※1)	◎		◎
	②地域、国、民族に関する基礎知識						◎	◎	○	◎(※1)	◎		◎
民博に関する情報	①位置づけ、歴史、大きさ等								○	◎(※1)			
	②民博展示場に関する情報					◎			○	◎		◎	
	③施設情報（トイレ、障がい者対応等）									◎		◎	

◎：複数の言語での提供。○：日本語での提供。※1：インフォメーションスタッフによる情報提供支援
2012年の時点での展示物の状況にもとづいている

物館側の組織や財政上の問題から，利用できるメディアや対応でき
る人間の数も無限ではない。博物館の展示場の中でより効果的，効
率的な情報提供を行う上で，情報そのものを取捨選択していくこと
も必要となる。これは利用者側の行動に依存する場合もある。利用
者が博物館に滞在できる時間も限られており，博物館側が期待する
情報取得が必ずしも十分に果たせるとはかぎらない。

　博物館側はキャプションや解説パネルでは十分に説明することが
できなかった内容の情報を展示場内の情報提供端末を通して提供す
ることを試みるが，膨大な量の情報の大半が利用者に伝わらないま
まになってしまうという状況も少なくない。すなわち，博物館の展
示を通して伝えることのできる情報の量は限られているのである。
そして，学術研究の内容を博物館の展示を通して伝える上でこの問
題は深刻である。

　不十分な情報は展示資料や展示全体に対する不十分な理解につな
がるだけでなく，時として誤った理解につながるおそれがあるから
だ。とりわけ，民博の展示では，それぞれの展示資料が，実際の人
間社会の中でどのような役割を果たし，どのような意味をもってき
たかを利用者に知ってもらいながら，当該社会の歴史や文化の理解
を深めてもらうことを一つの目的としている。すなわち，文化的背
景や展示資料がもともとの社会の中でおかれていた脈絡が伝えられ
ることが期待されているのである。

　例えば，2014 年 3 月にリニューアルした東アジア地域の文化展
示の台湾原住民族の文化のコーナーでは，パイワン族の工芸作家が
制作した刺繍のはいった伝統衣装を展示している（図 1）。「女性用
衣装　パイワン族，台湾，2013 年制作」の資料である。刺繍がほ
どこされた女性用の衣服であることは展示場のキャプションと展示

図1　民博内の台湾原住民族の展示コーナー

資料そのものを見ることによって容易に理解できるが，この衣装は
パイワン族の貴族層の成員が着用するものであり，刺繍の紋様に用
いられている壺や蛇，太陽のモチーフがそれらの身分階層に特有の
ものであると同時に，パイワン族の創世神話に登場する事物である
ということは，その情報が記載されている解説シートに目を通さな
ければ理解しえないことである。

　しかし，これらの刺繍の技法には，基本的な数種類の縫い方の技
巧があり，それらを組み合わせることによって図案化されていくこ
と，刺繍はもっぱら女性が行う工芸活動であり，図案やすぐれた刺
繍の技巧は首長や貴族層の財として扱われてきたということは，解
説シートにも記載されていない。

　こうした情報は，電子ガイドとよばれる設置型の映像番組放映装
置といった情報提供端末を通じて利用者に提供されることになる。
そして，どの情報をどのメディアを使ってどのように提供していく
かを決めるのは，展示を担当した研究者（従前の場合は筆者）に委

ねられることになる。

C.　個々の情報の連結 ── イメージファインダー

　このようにみると，民博の展示場における情報提供の仕組みは段階的であると同時に，個別の情報は分断されていることが理解できるであろう。一方で，民博の展示は基本的に所属する教員の調査や研究に立脚していることから，展示資料や展示そのものに関連した成果は論文や書籍といった出版物を通して公開され，蓄積されてきた。また，民博では映像資料や画像資料もあわせて収集し，コンテンツ化していることから，展示とこれらの資料とをあわせることによって，利用者は展示に対する理解をより深めることが可能になる。こうした各種の情報を統合していく一つの試みが，2012年に情報展示の一環として開発したイメージファインダーであった。

　マルチタッチモニターに民博の展示資料の画像が並び，利用者は自分の関心のある資料の写真を指でふれることにより，標本資料名，収集された国や地域，使用していた民族といった基本情報，展示場における展示位置，概要の解説等，関連したビデオテークの番組，電子ガイドコンテンツ等が表示される（図2）。さらに，イメージファインダーの設置されている「探究ひろば」（情報展示場）には書籍を配架し，イメージファインダーで検索することにより展示資料に関する情報が掲載された書籍を探せる仕組みとなっている。その展示資料に関連した論文やエッセイ，書籍の書誌情報が表示されると同時に，それらが設置されている書棚の番号が示される仕組みとなっている。

　イメージファインダーの特徴は，段階的，分散的な情報を連結させながら提供できるということ，それを情報端末の補助を用いて行

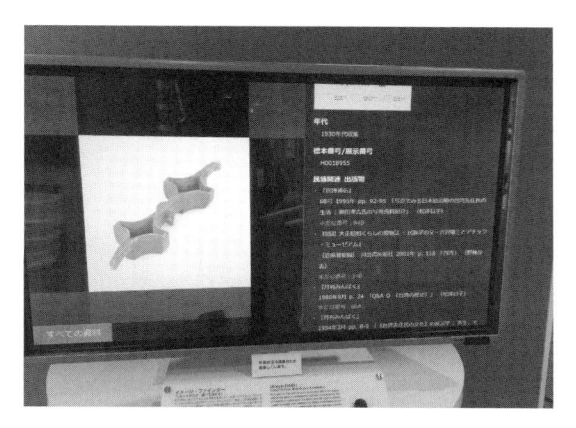

図2　探究ひろばに設置されているイメージファインダー

うということ，そして，情報の提供に時間的な制約がないということである。これは情報の連結の効率化という点においてはこれまでの仕組みにはない優位性をもつと考えてよいであろう。ばらばらに提供されていた情報の存在を利用者はまとめたかたちで認識することができるのである。一方で，これらの情報はあくまで利用者側が情報を獲得しようとする行動をおこし，それを持続させなければ提供することはできない。また，情報端末は一定の情報を確実に提供することはできるが，それらの情報の内容や表現，連結の方法はあらかじめ決められた枠組みすなわちアプリケーションソフトのなかで展開していくことになる。

D.　情報の知的展開 —— 研究者と利用者の相互作用

　ここまでのことを整理すると，博物館における情報提供のありかたは，民博の事例で考えた場合，①基本的な情報の可視化（キャプション，解説パネル，解説シート），②個別の情報の連結（イメージ

ファインダー）の段階までは，媒介として人の手を必要としないことが理解できるであろう。もちろん，情報を収集しそれを提供できるようなかたちにし，情報の統合，連結のためのシステム開発には人の手が必要となるが，いったん情報コンテンツができあがり，それらを提供するシステムが確立すれば，博物館展示の基本的な情報提供は一応の完成を見ることになる。

　この情報提供のありかたは，利用者が能動的に情報の検索を行う点において双方向的なかたちをとっているが，利用者が情報を獲得していく過程で生じた疑問が情報の提供者側に伝わる仕組みはそなわってはいない。換言すれば情報の往復が単発的ということになる。例えば，イメージファインダーに疑問を入力できたり，質問のメモを作成できるようにすれば，仕組みの上では解決したように見えるかもしれないが，情報の往復作業は断片的になる。

　知的探究において重要なことの一つは，思考，思索が一連の流れをもちながら展開していくことである。もちろん，生じた疑問を時間をおいてから調べることは可能であるが，そのためにはその疑問点を調べるということをつねに意識下においておかなければならない。しかしながら，博物館の利用者にそうした関心を持続させることを過度に期待することはできない。利用者の知的探究の補助作業としての博物館側の反応が求められるとすれば，それはこうした関心を持続させるための直接的かつ時間をおかない働きかけである。刺激を反復させて関心そのものを高めることによって継続的な博物館の利用を促すことを考えていく必要もある。

　例えば，先述した台湾展示のコーナーにおいて筆者が継続して実施している展示解説では，キャプションや解説パネル，展示ガイドには書かれていない，「現地社会でなぜ台湾原住民族の工芸が育ま

れていったのか」という話題を提供している。同じ内容の展示解説を繰り返しているにもかかわらず，継続して参加する利用者が少なくない。これらの人たちの特徴は，解説を聞いた後に筆者と直接会話して，新たな知識や話題，疑問を得ようとすることにある。こうした会話は対話者間で閉じられたものではなく周囲で聞いている利用者の関心を喚起することにつながる。ここで生じているのは利用者間における関心の共有であり，他者の知的経験を取り込む機会を利用者は無意識のうちに得ているといってよいのである。

　また，同じ内容の解説を繰り返すことによって知識の定着化が見られることにも留意しておく必要がある。博物館で提供される情報は，学校で習うような覚える類いのものではない。むしろ，同じ内容の話を，表現を変えながら繰り返すことによって，情報に慣れるという状況をつくりだすことが重要であり，それによって利用者側に博物館で得られる情報や知識を扱うリテラシーが備わっていくのである。

　一方で，利用者との直接の対話が，研究者にとって刺激になる場合もある。利用者の抱く疑問や意見，反論はそれまで研究者側が意識していなかった内容を含むこともあり，新たな問題意識へとつながる場合は少なくない。

E．むすび

　研究の成果や知見，専門知識を博物館において利用者に伝え共有していく過程において，情報を連結，統合することはIT技術等を活用することで，ある程度の範囲までならば実現するであろう。一方で，それらの情報を展開させながら知的探究を深めるためには，人を介したコミュニケーションに基づく知識や情報の共有関係を博

物館側と利用者側との間で確立することが望ましい。ただし博物館側で対応できることには限界がある。コミュニケーションの部分をいたずらに拡大することは，博物館が提供する情報の拠りどころである研究，調査活動を減じることにつながり，本末転倒の結果を生み出しかねない。

これからの課題は利用者とのコミュニケーションを博物館側の誰がどのように担うかということであろう。マニュアルに従った一方通行的な展示資料や展示の解説であれば，それらを担う解説員の養成はそれほど難しくはない。しかし，博物館側から提供される情報の刺激に対して，利用者がみせる知的反応に応え，さらに利用者の関心を持続させるためには，展示の背景となる学問領域についても相応の理解が必要となる。これはコミュニケーション能力とは異なる次元で考えるべきものであり，展示が拠って立つ研究や調査に精通した研究者もしくはインタープリタの関与が不可欠となる。こうした人材を育成するための方法やそれを実践する教育を提供する研究分野は現在のところ必ずしも十分ではないというのが筆者の考える日本の現状である。むしろ，それぞれの学術研究の分野において，研究成果の公開や普及を意識できる研究者を養成していくことが有効な手だてであると考えられるのである。

付記

本調査研究は，日本学術振興会科学研究費助成事業の助成を受けた。

・2015-2019，基盤研究（A），ネットワーク型博物館学の創成，15H07180，須藤健一.

・2014-2017，基盤研究（B），台湾原住民族の分類とアイデンティティの可変性に関する人類学的研究，26300040，野林厚志.

参考文献

野林厚志「情報を体感する展示の方法論　国立民族学博物館の取り組み」平井康之他『知覚を刺激するミュージアム：見て，触って，感じる博物館のつくりかた』学芸出版社，2014．p.65-96．

野林厚志「古きを温めて新しきを創る」『月刊みんぱく』2014年5月号，2014．p.6-7．

事例2

有形のなかの無形を伝える博物館体験
── 九州大学総合研究博物館における事例

A.　はじめに

　この「博物館情報学シリーズ」の刊行にあたり，企画編集委員代表の水嶋英治は，近代の「博物館情報学」の学問体系を説明するキーワードとして，五つのC，すなわちCollaboration（協働），Communication（双方向），Comprehension（共通理解），そしてCulture（文化），Commemoracion（コメモラシオン[1]）を挙げた。しかし，これらのキーワードは，単にひとつの学問体系のキーワードに留まらず，まさに博物館そのものの存在やあり方を考察する上で共通する，重要なキーワードであるかもしれない。

　九州大学（以下，九大）は，創設以来の主要キャンパスである箱崎キャンパス（福岡県福岡市）を移転させている最中であり（2017年現在），100年以上にわたるその歴史の中でも大きな転換期にあるといえる[2]。この移転計画は，筆者が勤務する九州大学総合研究博物館（以下，九大博物館）が2000年に設立する頃にはすでに確定していたことから，九大博物館は，箱崎キャンパスに特定の博物館建物を設置せず，移転完了まで空き建物への間借りかつ分散した状態で博物館活動に取り組むこととなった。一見不利と思える状況ではあったが，不利を逆手にとり，それを活かした試みや努力の結果として，実りある副産物や予想以上の人的広がりを生み出すことにつながってきた（詳細については，別稿を参照されたい[3,4,5]）。

　とはいえ，この移転は，膨大な標本資料を抱える九大にとって，物理的にも資金的にも大きな課題であった。このような物理的・金銭的課題はむしろ目に見えやすく，かつわかりやすい。九大博物館の専任教員は，この移転を，全学の教育研究資料を網羅的に把握・収集・整理する千載一遇の好機と捉え，移転に伴う無為な散逸・廃棄なきよう全力を尽くすという共通認識をもつに至った。これは，移転で博物館が直面する物理的課題に対しての，一つの明確な答えであった。

　一方，一見みえにくく理解しにくいが，重要かもしれない課題に気づく。「移転」とは，土地とそこで育まれてきた歴史を断絶することである。九大博物館が「まさにそこ（断絶されつつある場）にある博物館」として，この断絶とその過程にどう向き合うのか，そして結果として，実際どのように向き合ったのか，という課題である。これは，九大博物館の存在意義や大学博物館としてのあり方を根本的に問うものになる。このような気づきを筆者にうながしたきっかけが，先に挙げた水嶋によるキーワードだった。

　本稿では，九大博物館における近年の取り組みの中から，筆者なりに「まさにそこにある博物館」としてできる，「移転による断絶とその過程」と向き合うために取り組んだ実践のうち，特に本巻のテーマであるコミュニケーションや教育（ここでは高等教育）に関連した事柄について紹介したい。

B.　有形の中の無形の力 ―― 場が生み出す正のスパイラル

　この事例で舞台となるのは，九大博物館の通称「第一分館倉庫」である[6]。この第一分館は元々，昭和30年代に建て替えられた工学部の実習施設で，工学部が箱崎キャンパスから移転した後，九大博

物館に移管（管理替え）され，2006年に分館として改修されたものであった（詳細は別稿参照のこと[7,8]）。私たちが「倉庫」と呼んでいた機械工場部分は，竣工当時には普通にみられたであろう，スレート葺き建屋に木煉瓦敷きの床というしつらえであった（図1）。内部には，建物と同時に博物館に移管された，約80〜100年前に購入された歴史的工作機械が10台ほど残置されていた。移転のために第一分館が閉鎖・解体されるまで，この歴史と渋みを感じさせる独特の空間と雰囲気，状態保存された機械を活かし，多くの方々の協力に支えられながら，展示や催事が実施された。

　さて，第一分館倉庫で実施された展示や催事は，例えば学生演習による美術展，民間有志による映像上映会，音楽家である教員を中心とした音楽会，アーティストとの協働による標本・資料展示，そのほか，演劇，ダンス等，内容は多岐にわたった。それらの展示や

図1　昭和期の典型的な工場のしつらえを残していた第一分館倉庫
旧工学部知能機械実習工場の機械工作実習室部分。通路の両側に並んでいるのが，歴史的工作機械。

催事が断続的にでも継続できたのは，催しに参加した人が希望して，次の実施者になるという"正のスパイラル"があったからだ。そして重要なのは，単なる場所貸しではなく，実施者らが，九大博物館への深い理解と協力に基づき，質の高い催しを実現してくれたことである。

　会場利用の申し出に対し，担当者である筆者はまず，九大博物館の当時の状況や「場」がもつコンテクストを説明した。それらを先方が理解し，時として先方にとっては面倒であったり不利と思われるような，いくつかの条件を了承してくれることが（明示してはいなかった）申し出を受け入れる条件であった。例えば「会場費」は徴収しないが，九大博物館を必ず共催か主催に含めることを前提とし，掃除や片付けを課した。正直なところ，館にとっては都合よく，実施者側にとってはとても面倒な条件であっただろう。それでも多くの実施者が，上記のような説明や条件を積極的に理解した上で賛同し，暗に明にそれらを展示や催事に組み込んで実施し，丁寧な掃除はもちろん，時として補修などもし，第一分館倉庫の整備に貢献してくれた。

　この正のスパイラルは，水嶋のキーワードでいえば，最初の三つのC（協働，双方向，共通理解）の賜物といえる。そして実施者の様子や話からは，諸々の要求や条件や時として煩わしい三つのCを乗り越えてでも，「ここで何かをやってみたい」と思わせる「力」が，「第一分館倉庫」という「場」にあったことがうかがえる。その力は，「しつらえ」のような有形の目に見えるものによると同時に，その「場」が経てきた時間（歴史）や，そこで起こっていた事柄の総体として醸し出される，説明はしにくいが，「雰囲気」や「空気」のような無形の力であったと思われる。

C. 博物館体験としての伝承 —— 古い煉瓦を使ったピザ窯 プロジェクト

　さて，実に惜しいことではあるが，第一分館倉庫に包含されていた無形のすべては，移転と土地売却に伴う建物の撤去と同時に，失われてしまった。「建物」や「しつらえ」のような有形情報を残すことは，図面，画像，動画，そして最近であれば3Dデジタルデータとして，ある程度可能である。しかし，さまざまな要素がからまり生じるところの「雰囲気」や「空気」は，複合的な情報の総体であり，有形物と同様な方法で記録を残すことは，現時点でははなはだ難しい。

　第一分館倉庫の雰囲気，空気感，肌で感じられた感覚，あるいは無くなるキャンパスの歴史性を，生々しいものとして記録するためには，それらが失われる前に一人でも多くの人にこの「場」を体験してもらい，体感的に記憶してもらうしかなかった。そしてその体験とは，単にその空間を感じたり味わったりすることを意味するのではなく，「まさにそこにある博物館」である「九大博物館」だからこそ提供・共有できるような「博物館体験」であってほしいと考えた。

　そのような思いから生まれた取り組みの一つが，次なる事例として紹介する，古い煉瓦を用いたピザ窯プロジェクトであった。箱崎キャンパスには，しばしば廃煉瓦が落ちている。2012年前後に筆者が拾ったり，職員から譲られた煉瓦の中には，かなり古いと思われるもの[9]がいくつか含まれていた。そのような煉瓦は，「九大の思い出の品」として，小分けにしてグッズとし，希望者にプレゼントするのにうってつけであろう。しかし，筆者は，むしろ煉瓦のま

ま活かしてピザ窯に仕立て，窯を使ったワークショップや美味しい食べものを作る催しを行う方が，断然楽しめ，また意義深いだろうと考えた。歴史的な"モノ"を体験の装置に転換して，その体験とともにコンテクストや場の雰囲気を記憶してもらうのである。

　そのような思いつきが実現に向かって走り始めたのが，2013年度の実践的な大学院演習[10]であった。学生たちは，「いっそ煉瓦だけでなく，窯の土台や台車も学内の廃材を使って作ろう」と盛り上がった。窯を構成するすべての煉瓦が古い煉瓦であることが理想的であったが，都合良く古煉瓦が落ちているわけもなく，不足分は新しい煉瓦を調達して補充することにした。学生たちは，窯に古い煉瓦を用いることの意義，想定されるワークショップの内容についてもかなり深く話し合った。残念ながら，チーム演習ならではといえる事情[11]により，窯の1段目を組んだところで時間切れとなってしまい，完成には至らなかった。しかし，2014年度には，前年度の履修生を含む有志学生が作業を引き継ぎ，見事に窯として完成させた（図2）。

　2014年度の有志学生による窯づくりと試し焼きは，第一分館倉庫の中庭でなされた（図3）。この窯づくりが，体感的な「場」の記憶につながる博物館体験であったということについては，特に2013年度の企画段階から共に活動した学生たちから賛同を得た。第一分館が撤去された現在，「箱崎キャンパス」を体感的に記憶する博物館体験としてのワークショップに，この窯を用いようとしている。九大の移転が完了した後は，この窯は，第一分館や箱崎キャンパスの記憶を呼び起こす一種の「装置」となることを期待している。先に挙げた水嶋によるキーワードを引き寄せるならば，この窯と，窯を用いた催事は，ある種のCommemoracion（コメモラシオ

図2　有志学生の協力により2014年度に完成したピザ窯
正面と前方，および1段目のすべてに古い煉瓦が使われている。場所は九大博物館の第一分館倉庫。

図3　第一分館倉庫の中庭での窯の試し焼きの様子

ン）といえるかもしれない。

D.　おわりに

　以上，一般化しにくいと考えられる大学のキャンパス移転という特殊事情に伴うものであったが，事例を二つ紹介した。思い返してみれば，窯の有無にかかわらず，催事や展示をはじめ資料整理や授業などで第一分館倉庫を経験した人は，博物館体験としてその「場」を体感的に記憶したであろうし，時としてその体感を言葉として伝えてくれるであろう。そもそも窯がコメモラシオン的な装置として機能したとしても，第一分館倉庫撤去後に窯を使う都度，新たな場所での新たな体験による新たな記憶に徐々に置換されるのだ。そしてやはり時が立てば，多くの無形のものは失われてゆく。博物館体験を博物館情報としてどのように記録し伝達していくのか（あるいはしないのか）は，今後の課題といえるかもしれない。

謝辞
ピザ窯プロジェクトにおいて，九州大学大学院統合新領域学府感性コミュニケーション PTLIII 受講者（野中雅彦，重野裕美，戸高諒子，松村由佳，吉本仁平，萩本裕太，茂泉千尋，原　泉，萩尾樹里）が，演習またはボランティアとして窯制作に携わり，また事後のアンケート調査にも協力してくれた。特に野中さんには，窯の基本設計や加工の道具類の貸与をはじめ，多大なる協力を得た。ここに感謝する。

参考文献・注 ————————————————————

1：水嶋は，本シリーズ刊行にあたって述べた緒言において，これを「記憶・記録遺産」と訳している。もともとフランス語で，訳語的には「記念」「祝い」「追悼」の意味。ピエール・ノラ「コメモラシオンの時代」（ピエール・ノラ編，谷川稔監訳『記憶の場：フランス国民意識の文化＝社会史』Ⅲ，

岩波書店，2003．原著1992年）の論説で用いられたことにより，言葉の意味の背後にある「記憶」やその再構築を含むような，より広く概念的に語彙解釈された言葉として，しばしば用いられている。

2：実質的な移転は2004年から始まり，まず2007年に箱崎キャンパスから工学部が，2009年には六本松キャンパスが，完全移転した。2014年には本部事務・役員が，2015年には理学部が移転を完了した。2018年の夏に農学部・文学部を含むその他部局が移転し，キャンパスが閉鎖されることになっている。

3：三島美佐子「「ハコ」を持たない博物館―九州大学総合研究博物館―実践学習・実践研究の場として将来へ」『西日本文化』No.447, 2001, p.70-75.

4：三島美佐子「鑑賞者の知覚を刺激する展示空間の場の力―九州大学総合研究博物館の取り組み―」，平井康之他『知覚を刺激するミュージアム：見て，触って，感じる博物館のつくりかた』学芸出版社，2014, p.129-157.

5：三島美佐子・岩永省三「九州大学総合研究博物館・第一分館の刷新的利活用(1)経緯」『九州大学総合研究博物館研究報告』No.12, 2014, p.57-66.

6：2015年5月に閉館式を行い，同年10月から12月にかけて，第一分館内の全資料のキャンパス内移転を実施。引き続き建物取壊しとなり，更地化された。

7：三島美佐子，2014，前掲書.

8：三島美佐子・岩永省三，2014，前掲書.

9：九州大学箱崎キャンパスの塀や建物に用いられている煉瓦には複数種あり，年代によってサイズが異なる可能性のあることが報告されている。詳細は，松本隆史「箱崎キャンパス初期の門の発見」『九州大学大学文書館ニュース』38, 2014. を参照のこと。

10：九州大学大学院統合新領域学府修士課程のPTL（Project Team Learning）演習。感性コミュニケーションコースでは，社会的な実践活動を基盤にした特色ある演習がI～IVまで開講されている。筆者はPTL IIIを担当し，主に博物館をテーマにした実践的演習としている。

11：企画段階での議論が紛糾し，窯の制作完了と企画実践までには至らず時間切れとなった。議論が紛糾したのは，学生たちが真剣に話し合いをしたからこそであり（もちろん，筆者の指導的力不足も否定はしない），教育的には決して無駄ではなかったと筆者は考えている。

人が参加し，人が活躍する科学館
—— 明石市立天文科学館の取り組み

A. はじめに

　明石市立天文科学館（兵庫県明石市）は，東経 135 度日本標準時子午線の真上に建設された「時と宇宙の博物館」である。1960 年 6 月 10 日（時の記念日）に開館した。外観は 54m の時計塔とプラネタリウム・ドームで構成されたユニークな形状をしている。時計塔は日本標準時子午線の位置を示すことから観光の名所にもなっているほか，教科書に紹介されるなど広く知られている。館内には旧東ドイツのカール・ツァイス・イエナ社製大型プラネタリウムや，時や宇宙に関する展示室がある。開館以降，1969 年のアポロ 11 号月着陸，1986 年のハレー彗星など時期ごとに宇宙ブームの受け皿となり，人気を博してきた。

　1995 年 1 月 17 日に発生した阪神淡路大震災では震源地からわずか 4 km の位置にあったため，未曾有の被害を受け，建物は大破した。一時は閉鎖も検討されたが，市民の熱心な応援もあり，3 年後に全面リニューアルして再開。阪神淡路大震災からの復興の象徴となった。さらに，2010 年には開館 50 年を記念し，展示室をリニューアル。建物は国指定の登録有形文化財になった。2012 年にはプラネタリウムの稼働期間が国内最長となり，長寿日本一プラネタリウムとしても知られるようになった。2018 年現在もプラネタリウムは稼働中である。

　明石市立天文科学館（以下，天文科学館）では，「人が伝える」ことが大きな効果を出している。本稿では，プラネタリウム，参加対象を明確化した事業，星の友の会，天文ボランティアについての事例を紹介する。

B.　人が伝えるプラネタリウム

　プラネタリウムは，星空を投影する機械である。星を映し出すドーム空間や施設全体を含めてプラネタリウムとよぶこともある（本稿では厳密に区別しない）。プラネタリウムは地球上の任意の場所と日時における星空（恒星，太陽，月，惑星）を再現できる。その再現方法はおおきく二つのタイプに分けることができる。

　ひとつは光学式プラネタリウムであり，光源の電球やレンズ，歯車などの機械的な仕組みにより星空を再現する。もうひとつはデジタル式プラネタリウムであり，コンピュータの画面をビデオ・プロジェクタでドーム全体に投影する。デジタル式プラネタリウムでは映像の自由度は飛躍的に向上したが，解像度や階調の豊かさでは光学式プラネタリウムが優れている。この違いは歴然である。デジタル式プラネタリウムの星はぼんやりしているのに対し，光学式プラネタリウムの星はシャープである。また，暗い星と明るい星の明暗のちがいの表現も優れている。そのため，再現される星空は圧倒的に光学式プラネタリウムの方が美しい。ただし，デジタル式プラネタリウムの自由な表現力はすばらしく，最近オープンするほとんどの施設ではその機能を有した投影装置が設置されている。光学式とデジタル式を組み合わせたシステムで運用しているプラネタリウム施設も多い。

　天文科学館のプラネタリウムは典型的な光学式プラネタリウムで

ある。先に紹介したように国内現役の投影機の中で最古のものであり，これとは別にデジタル式プラネタリウムをオーロラなどの特殊映像装置として限定的に設置している。

　一般に，古い設備は最新のものに劣ると考えられがちであるが，天文科学館のプラネタリウムは多くのリピータや全国からの見学者があり，根強い人気がある。人気の理由は何であろうか。来館者の声を総合すると，プラネタリウムのもつ本来の魅力を提示している点にあると筆者は考えている。

　プラネタリウム本来の魅力とは何か。プラネタリウムの本質は，星空の展示である。それはプラネタリウムの誕生の歴史が示している。1923年，ドイツ博物館（Deutsches Museum）ではあらゆる実物資料や実物大模型を展示しようとした。だが星空を展示することは不可能である。そこで本当の星空を展示する代わりに生み出されたのがプラネタリウムである。ドイツ博物館から依頼を受けて最初のプラネタリウムを製作したのはカール・ツァイス社である。天文科学館のプラネタリウムは，カール・ツァイス・イエナ社製で，その流れをくむ。

　プラネタリウムの本質が「本物そっくりの星空を展示すること」であるなら，プラネタリウムの投影は「展示解説の一つの形」である。解説者は，日の入りから日の出までを生解説する。見学者は，実際の星空の下で説明を受けているような気分を味わうことができる。

　天文科学館では，半世紀以上，変わらぬスタイルで投影を行っている。すなわち，日の入りから夕闇が訪れ，やがて満天の星が出現する。解説者は，その時々の星や星座の説明を行う。また話の後半では，月ごとに変わるテーマについて紹介する。やがて夜明けを迎

え，プラネタリウムでの一夜が終わる。投影は約50分である。月ごとに変わるテーマは，天文現象や話題のニュースなど時期に合った内容を扱うほか，時や暦の話題も扱う。聴衆は，幼児から大人まで幅広く，回ごとに年齢構成も違う。聴衆の関心を引くように解説には繊細な話術も必要になる。映し出される星は同じでも，そこから始まる星の話は無限にある。見ている光は，見方によって科学的にも哲学的にも文学的にもなる。解説者が直接語りかけることは，情緒的な効果もあるが，知識の伝達にも効果的であると考える。プラネタリウムの生解説は，どこの施設でも人気がある。

C. 対象を絞った事業展開

　天文科学館では，プラネタリウムの一般投影以外にも，学習のための投影行っている。幼児投影は，幼稚園や保育所などに通う未就学児童を対象にしている。学習投影では，理科学習で天文分野を扱う小学4年生・6年生，中学3年生を対象に，学習指導要領に沿いながら，やや発展的な内容を盛り込んだ投影を行っている。天文分野は授業中に夜の星を観察する時間を確保できない上に，都市部では満天の星を見る機会がないため，貴重な学習機会になっている。

　また天文科学館では，天文学習を行わない学年に向けた投影も用意している。小学3年生では理科で「光」や「太陽の動きと影」を学ぶ。プラネタリウムで太陽の動きと日常生活の関連の投影を行ったり，ドーム内を暗室として懐中電灯で実験を行っている。後者は，プラネタリウムで本来想定していない利用方法であるが，プラネタリウムのような完全な暗室は稀少であり，現代の児童にとっては，真の暗闇を体験する貴重な機会である。実際，暗闇になったときには歓声があがる。学習効果も高く，教師からも評判が良い。小学5

年生では理科で天文分野を扱うことはないが，天気について学習することから，「地球とお天気」というテーマで投影を行っている。地球は惑星のひとつであることから，地球における気象現象という比較惑星学の観点でプラネタリウムと関連づけている。

成人に向けたプログラムも用意している。60歳以上を対象とした，シルバー天文大学は成果を上げている。各地での高齢者向け講座が人気を博しているように，この世代には向学心が高い人が多い。また，高齢者を対象にすると，来館者が比較的少ない平日に講座を開催できることも営業的な意味で利点がある。講座の内容は天文に関わること，地域に関わることなどさまざまである。参加者の受講動機は，テーマ内容に惹かれたこともあるが，むしろ「自分が講座の対象である」ことを受けての積極的な参加が大きいようである。回を重ねるにつれ受講生が増え，人気を博している。

シルバー天文大学の反応の良さは，私たちに講座の組み方について考えるきっかけを与えてくれた。社会教育を考える上で，学校を卒業した人たちをひとくくりに成人と見すぎていなかったか，成人にこそいろいろな人がいて対象を明確にした事業が求められているのではないか。こうした経験と検討をもとに，世代や性別だけではなく，ある種の趣向に興味をもつ方を対象とした次のような事業展開も進めている。

妊婦を対象にした「マタニティ・リラクゼーション・プラネタリウム」，星に興味をもつ女性を対象にした「宙（そら）ガール養成講座」，ベビーを対象とした「ベビープラネタリウム」も人気が高い。

特に大きな反響を呼んでいるのは幼児や低学年を対象とした「軌道星隊シゴセンジャー」である。子午線という言葉は学術用語で難しいと感じる人も多いようだ。そこで2005年に子午線というフ

レーズに親しんでもらうためにヒーローグループを結成。職員が変身し，プラネタリウムを舞台にブラック星博士という悪役と戦う。単発イベントで登場したが，大人気となり明石市内だけでなく天文関係者間でも広く知られる存在になった。体当たりの演技であるが，全国からファンが来訪する事業になった。これらの事業は天文科学館の敷居を低くする取り組みともいえる。

　敷居を低くする取り組みとしては，他に「熟睡プラ寝たリウム」という，プラネタリウムで解説を聞きながら気兼ねなく眠ってもらおうという企画がある。こちらも反響が大きく，全国各地で同様のイベントが行われるようになっている。ユーモア企画であるが，案外人間の本質につながっている部分をもっているのかもしれない。現代の都会で暮らす人々にとって星は縁遠いものとなっている。古来人々は，夜に満天の星を仰ぎ見てきた。闇の向こうにきらめく光点を眺めながら，星座の話に身をゆだね，まどろんでいく時間を有意義だと感じる人も少なくないのだろう。

　以上，天文科学館で行っている事業の事例を紹介した。天文科学館は，総合博物館ではないゆえ，個性を発揮しやすい反面，扱う分野に興味をもつ人は限定的になりがちである。日常的に関心を高めてもらうための工夫が必要である。館の個性を活かした特色ある企画や，対象を限定的にするなどの工夫により興味関心を高め，足を運んでもらうことが大事である。きっかけをつくればその後の受け皿も必要になる。天文科学館の場合は，次項で紹介する「星の友の会」が重要な受け皿である。

D．星の友の会

　星の友の会は，開館した 1960 年に「夏季天文講座」などを開催

したことをきっかけとして誕生した。参加者から天文講座を継続してほしいという要望や，実際に望遠鏡を使った観測や研究，天体写真の撮影などを行いたいといった要望が寄せられた。これに応ずるために，翌 1961 年 9 月に「星の友の会」を発足させた。当時，神戸や姫路など明石近郊には，著名な天文学の専門家やアマチュア研究家が多かったため，学芸職員とともに会員の指導に当たっていただくことにした。発足当時は，小中学生の会員が多かった。指導者との個人的な接触をする機会も多く，比較的きめこまかい指導をすることができた。しかしその後，指導に当たっていただいた人の転勤などで一時期，行事の回数が減少した。そのため天文講座は館主催の行事とし，会員外の人にも参加できるようにした。

その後，女性の会員も増加し，生涯学習の充実が謳われ出した 1990 年頃からは，大学生や一般社会人の比率が高くなってきた。当時は，天体望遠鏡といえば特殊で高価な器械で，市販される数も少なかったため，会員の中からは「館の望遠鏡を自由に使用させてほしい」との要望もあった。

その後，星に興味をもつ人の中には，高価な望遠鏡や天体撮影用カメラを所持する人が現れた。口径 30cm 以上の反射望遠鏡をもつ人も多数いた。都市部では美しい星空を見ることは不可能となり，そのため，望遠鏡やカメラを当時普及してきた自家用車に載せ，人工の光が少ない地方まで出かけて観測する人が増えてきた。

星の友の会には，手に入りにくいさまざまな天体情報を求める人が多かった。その要望に応えるために会報の発行が行われた。「星の友の会会報」という名称で 1961 年 10 月 30 日に創刊号を，その後は 1 年に数回発行してきた。そして，1971 年 12 月 7 日発行分（No.22）からは「135°の星空」と改名し，年 4 回の発行を行ってき

た。そのほか，会員が撮影した天体写真や自作の望遠鏡などを展示するなどの特別展を催したこともある。

　天文科学館の学芸員たちは，天文雑誌に寄稿したり，天体観測で新しい天体を発見したりと，個人的な活動において天文ファンに知られていた。こうした学芸員にあこがれをもち，交流ができることに魅力を感じ，友の会の活動に参加する人も多かった。参加者たちの中からは，後に天文学者になる人，学芸員や教員になる人，アマチュアの天体観測者として活躍する人，日常生活の中でふと星空を見上げることを人生の楽しみにする人など，さまざまな形で天文にかかわる人がでてくるようになった。1985 年頃にはハレー彗星が76 年ぶりに地球に接近し，大ブームが起こったが，そのときも星の友の会の会員は観測を行って大活躍した。

　しかし 1995 年 1 月の阪神淡路大震災の被害により天文科学館は長期にわたって休館を余儀なくされ，星の友の会活動も同年 3 月末で休止することになった。館の再開も危ぶまれる状況下で，友の会の活動はほぼ完全に停止した。1998 年 3 月に館がリニューアルオープンをした後も，友の会の再開には至らず，明石を拠点に活動していた人々は近隣の天文台や同好会で各自活動するようになっていった。

　ようやく 2000 年 7 月より，星の友の会も再開することになった。再開した後には，会は途切れかけた歴史をつなぎ止める役目を果たし，一時離れた会員も復帰し，さらには新規会員も増えて，以前と同様に，さまざまな行事を行っている。会報も発行し，さらに休止前のような天文情報が欲しいというニーズから，会員同士の交流や情報交換に重きが置かれるようになってきた。これはインターネットなどで天文情報が容易に入手できるようになってきたことに深い

関係があると考える。

　星の友の会の活動は，天文科学館の教育活動の一環として位置づけられるものであり，会員の生涯学習の場となるものである。以前より，館主催の天体観望会などで望遠鏡を操作し活躍する会員がいたが，最近では，夏休み等に開催されるイベントなど，さまざまな館主催事業での星の友の会の活躍も増えてきている。こうして会員が楽しみながら学び，学んだものを社会（来館者）へと還元していくことができるような活動が広がってきた。自主的に学習する状況から，より進んだ次のステップが見えてきた。そこから生まれたのが次項で紹介する天文ボランティアである。

E.　天文ボランティア

　2010 年，開館 50 周年を迎えるに当たり，大規模な展示リニューアルを行うことになった。その際に，展示室を中心にボランティアを配置することを検討した。背景には星の友の会の会員による「お手伝い」が繰り返し行われたことにあった。活動の様子は大変生き生きとしたものであった。館職員の中で，ボランティア活動における喜びとは何だろうかと議論になった。議論の中で，博物館におけるボランティア活動を，善意による無償の労働力としてではなく，市民の生涯学習の場の提供と考えるとよいのではないか，という考えが生まれた。その背景にはこれまでの活動の経験から，学びには，①教わる段階，②学ぶ段階，③伝える段階，という 3 段階があると考えたのだ。

　①「教わる段階」とは，受動的な学習段階である。例えば，学校での授業がこれに該当する。講演会で受け身に話を聞くことも教わる段階といえるだろう。②「学ぶ段階」とは，能動的な学習段階で

ある。本を読んで調べるなど自ら学ぶ行為である。博物館に足を運ぶことは学ぶ段階である。友の会に参加することもこの段階である。③「伝える段階」とは，学習したことを他者に伝達する段階である。教師の中には，授業の準備を行う過程で理解が深まる経験をする人も多い。学芸員もプラネタリウムで解説することにより，その対象に対し深い理解に到達できることを日常的に経験している。

　伝えるためには，言語化をしなくてはならない。この過程が物事の理解にとても効果的なのである。作業は，他人に伝えようとして初めて意識する。人に伝えるためには相手が必要である（SNSが広がっているのは，伝えることの喜びもあるのだろう）。そのような場はなかなか存在しない。館職員は，博物館におけるボランティア活動の位置づけとして，博物館における教育の一環として伝える場を提供するという考えに至った。博物館におけるボランティア活動の意義については，これまでにも博物館の教科書で論じられてきたことであるが，実際に天文科学館の活動に熱心に協力する友の会会員に接し，館職員で議論を重ねたことでようやく腑に落ちたのである。

　2010年にボランティアを募集すると，これまでの友の会会員の多くが喜んで参加してくれた。ある程度知識が深まるとその分野のことは十分知り尽くした気になるが，人に伝えるという視点に立つと，その奥深さに驚く。こうした体験を楽しむ人も多いようだ。

　単に「ボランティア」というキーワードに惹かれて参加する人がいることも特徴になっている。社会参加，社会との関わりをもつ場としても機能したのだろう。また，現代社会で少なくなっている世代間交流が行われている。

　「人に伝える場の提供」という考えは，今後も天文科学館にとっ

て重要な位置づけになるだろう。

F.　おわりに

　天文科学館の活動事例を紹介した。いずれも，人が伝え，さまざまな人が関わり展開してきたものである。実践の中でいろいろなチャレンジをすればもちろん数多くの失敗もある。試行錯誤の中で成果が出た事例や，取り組みの中で実感した考え方について述べた。本稿が少しでも博物館関係者や博物館について学ぶ人々の参考になれば幸いである。

あとがき

　本「博物館情報学シリーズ」企画編集委員の水嶋英治先生から，第5巻にあたる本書の編集をご依頼いただいてから4年の月日が流れた。編者の専門は博物館教育学であり，博物館情報学との接点を模索した結果，博物館における「人」に注目して「コミュニケーション」という観点から編集したいと水嶋先生にご相談した。この願いを水嶋先生はじめ委員の方々に快諾していただいたことに感謝申し上げたい。そして，先進的かつ意欲的な研究と博物館活動を展開している執筆者の方々と共に本書をつくれたことは編者として幸運であり，この場を借りてお礼申し上げたい。

　進展を続ける執筆者達の研究と活動のすべてが本書に収められたわけではない。執筆者達の次の論考や取り組みにも注目していただき，そして，本書をきっかけとして，多くの方に，博物館に関与するさまざまな「人」の「コミュニケーション」に関心をもっていただき，この分野の研究を共に進めていただければと願っている。

　樹村房の大塚栄一さんと安田愛さん，細部に全体にと留意されるお二方の丁寧な編集作業がなければ，この本の完成はなかった。この場を借りてお二方にもお礼申し上げたい。

　2018年4月

編著者　湯浅万紀子

参考図書案内
(さらなる学習のために)

佐伯胖 『「学ぶ」ということの意味』岩波書店，1995.

　▶そもそも「学ぶ」とは何か。この問いに真正面から取り組んだ本書は，
　博物館教育の研究者にも実践者にも，示唆に富む。「子どもと教育」シ
　リーズの一冊であるが，社会教育機関としての博物館での大人の学び，
　異世代の交流という点からも有効な指摘が多い。特に，Ⅳ章「文化的
　実践に参加する」は，博物館の教育活動の企画だけでなく，ミュージ
　アム・エデュケータの役割とその育成方法を考える上で意義深い。著
　者は著名な認知心理学者。

佐伯胖 『「わかる」ということの意味』新版，岩波書店，1995.

　▶前述した文献と同じ著者による「子どもと教育」シリーズの一冊。「わ
　かる」とは何かを問い直す本書は，学校での学びと日常生活での実感
　を結びつけ，子どものわかろうとする意欲を引き出す教育について論
　じる。教育の本質について再考するために有効である。Ⅳ章「何のた
　めにわかるのか─文化的実践への参加」は，教育を情報を伝達するだ
　けではなく，文化の営みの一つとして捉え，子どもを文化の営みに参
　加させる重要性を論じ，示唆に富む。

佐伯胖・藤田英典・佐藤学編 『学びへの誘い』東京大学出版会，
1995.

　▶「学びと文化」シリーズの一冊。前述した平易な語り口の2冊より，
　研究解説の要素が強いが，読みやすい。学校教育のなかでも科学教育
　に主な焦点を当てているが，博物館教育の研究者も理解しておくべき
　教育理論，学習理論についても解説されている。学習の文化的文脈と
　社会的文脈についても説いており，博物館での学習を理解し，博物館
　教育の実践や研究において考慮すべきポイントが多数指摘されている。

佐伯胖・藤田英典・佐藤学編『科学する文化』東京大学出版会，
1995.

▶前述した文献と同じ編者による「学びと文化」シリーズの一冊。科学
と出会うこと，科学を学ぶことを文化として捉え，文化の実践に人々
が参加するプロセスについて論じられる。数学者・広中平祐と編者の
佐伯，執筆者の美馬の鼎談は，科学に関心を持つ青少年の仲間づくり
について言及されており，科学系博物館に限らず各種の博物館におけ
る教育活動の成果を考える上で示唆に富む。

ジョージ・E. ハイン，鷹野光行監訳『博物館で学ぶ』同成社，
2010.

▶欧米に多数ある博物館教育に関連した書籍や論文が翻訳されて紹介さ
れた数少ない例の一つである。著者はアメリカの著名な教育学の研究
者。構成主義に基づいて博物館教育について論じ，博物館教育を支え
る理論を解説している。来館者調査の目的と手法についても説明がな
されており，博物館での学びを考えるための入門書といえる。欧文献
と邦訳文献を提示した巻末の参考文献も有用である。

青木豊編『人文系博物館教育論』雄山閣，2014.

▶生涯学習と博物館教育の理念，関連施策の推移，博物館と学校教育と
の連携の歴史など，博物館教育に関する研究の歴史や動向を理解する
のに役立つ一冊。展示解説やレファレンス，友の会活動，ボランティ
ア活動，その他各種アウトリーチ活動など，人を介してなされる博物
館教育の実際について，人文系博物館を中心に紹介される。回想法や
ユニバーサルサービスに言及する節もある。

S. ストックルマイヤー他編著，佐々木勝浩他訳『サイエンス・コミュニケーション：科学を伝える人の理論と実践』丸善プラネット，2003.

> ▶サイエンス・コミュニケーションを「科学というものの文化や知識が，より大きいコミュニティの文化の中に吸収されていく過程」として捉え，その理論と実践が紹介される。科学系ミュージアムは教育の場であるか，娯楽の場であるかといった議論や，大学院生がコミュニケータとしての教育を受けて活動するオーストラリアのサイエンス・サーカスの事例など興味深い。科学系博物館に特化しない議論を誘発し得る一冊である。

川那部浩哉編著『博物館を楽しむ：琵琶湖博物館ものがたり』岩波書店，2000.

> ▶1996年に開館した滋賀県立琵琶湖博物館。基本構想が策定されてすぐに最初の学芸員が採用され，8年の準備期間を経て開館したその設立経緯は博物館界の注目を集めた。同様に，館内にとどまらずフィールドへと展開される地域住民を巻き込んだ実践も注目を集め続けている。開館間もない時期にまとめられた本書には，同館に関与するさまざまな「人」の思いが綴られ，さまざまな「交流」の場を創出する博物館教育の原点を振り返ることができる。

高倉浩樹編『展示する人類学：日本と異文化をつなぐ対話』昭和堂，2015.

> ▶人類学の研究者がいかに研究成果を展示として伝えていくか。そのプロセスにおいていかにさまざまな「人」と関わっていくか。国内外の博物館や調査地での展示の展開事例について，多くの写真と共に紹介される。展示の運営方法を知るだけでなく，展示の記録という観点からも意義深い書である。多彩な執筆者によるコラム記事も興味深い。

平井康之・藤智亮・野林厚志・真鍋徹・川窪伸光・三島美佐子『知覚を刺激するミュージアム：見て，触って，感じる博物館のつくりかた』学芸出版社，2014.

▶五感ではなく「知覚」を刺激するという観点にこだわり，来館者の知覚鑑賞について研究したグループによる書である。来館者がより直感的に展示の説明を理解でき，さらに楽しい博物館体験を実現することを目指した研究の成果が明快に論じられる。来館者と博物館の双方の視点からこのテーマにアプローチし，国立民族学博物館と北九州市立自然史・歴史博物館，九州大学総合研究博物館での実践を多角的に紹介している。

分藤大翼・川瀬慈・村尾静二編『フィールド映像術』古今書院，2015.

▶「100万人のフィールドワーカーシリーズ」の一冊。さまざまなフィールドでの映像（静止画と動画）の活用について多角的に論じられる。博物館映像学の紹介（3章）の他にも，人類学者のフィールド研究の営みを映像を用いた展示で表現し，市民との相互作用がなされる事例（7章）や，家庭に残る8ミリフィルムの上映会を通して人々がつながっていく事例（9章）が，ミュージアム・コミュニケーションの観点から興味深い。

Hooper-Greenhill, E. Ed. *The Educational Role of the Museum*, Second Edition, Routledge, 1999.

▶英国レスター大学によるミュージアム・スタディーズの書籍シリーズの一冊。博物館教育の研究者らによる36編の論考から構成されている。編者は英国でこの分野の研究をリードしてきた一人。コミュニケーション理論や博物館における学習を支える理論について解説され，構成主義の観点からの展示制作のプロセスについても説明される。来館者の多様性に関する論考，展示を含めた教育プログラムの評価に関する論

考など幅広い内容である。

Falk, J. H., Dierking, L. D. and Foutz, S. Ed. *In Principle, In Practice: Museums as Learning Institutions*, Altamira Press, 2007.

▶編者の J. H. フォーク（Falk, J. H.）と L. D. ディアキング（Dierking, L. D.）は，博物館における学習の研究をリードしてきた研究者である。博物館の最重要な使命として認識されるようになった博物館教育に関する分野の研究者と実践者らによる 17 編の論考が収められている。インフォーマルな学習ではなく自由選択学習という言葉を用いて，構成主義の観点から博物館における学習そして体験について考察する論考が並ぶ。博物館体験の長期的なインパクトを理解する論考も興味深い。

さくいん

あ行

アイデンティティ　66, 67, 71, 72, 79, 86, 87, 88

アウトリーチ　22, 57, 64, 165, 167

明石市立天文科学館（天文科学館）　28, 29, 30, 31, 33, 34, 208, 229, 230, 231, 232, 234, 236, 237, 238, 239

アクセシビリティ　138, 149

足尾アーカイブプロジェクト　190, 195, 205

アメリカ博物館協会（AAM）　15, 56

イギリス文化遺産省　16

意味記憶　35

イメージファインダー　214, 215, 216

インタープリタ　20, 22, 218

インフォーマルな学習　59

インフォーマルな場　69, 71, 84

映像コンテンツ　185, 194, 195, 196, 203, 204

映像素材　194, 195, 196, 197

エイブル・アート・ジャパン　158

エクスプロラトリアム　162, 163

エデュケータ　16, 53, 54, 57, 61, 68, 72, 75, 76, 85, 86, 88

エピソード　31, 32, 33, 186

エピソード記憶　35

オープン・エンド　26, 27

か行

解説シート　213, 215

解説パネル　212, 215, 216

科学技術基本計画　18, 19, 20

科学技術基本法　18

科学技術コミュニケータ　14, 20, 22

科学技術リテラシー　18, 20

学芸員　12, 13, 14, 19, 32, 33, 34, 37, 55, 128, 133, 157, 176, 196, 198, 236, 238

学校教育　12, 13, 22, 60, 201

学校見学　13, 26, 53, 56, 57, 67, 78, 83, 88, 194

学習理論　81, 87

学術映像標本　190, 196, 197, 198, 202, 203, 204, 205, 206

神奈川県立生命の星・地球博物館　125, 127, 129, 130

カラーユニバーサルデザイン機構（CUDO）　147

関与者　11, 29, 30, 31, 48

記憶特性質問紙（MCQ）　29

「記憶の中の科学館」　28, 35

企画展示「学船　洋上のキャンパスおしょろ丸」（「学船」）　174, 177, 180, 184, 195, 200, 202, 204, 205

北九州市立自然史・歴史博物館　157

軌道星隊シゴセンジャー　233

キャプション　155, 158, 212, 216

九州大学総合研究博物館（九大博物

館）　208, 220, 221, 223, 224
既有知識　25, 26, 60, 66
教育学学士プログラム（BEd）　58,
　75, 88
教育基本法　13
教育担当者　55
教育担当の専門職員　13
教育の術　53, 57, 60, 61, 73
教育理論　78, 80, 81, 86
教員養成プログラム　72, 73, 74, 75,
　80, 87, 88
「共通の富：博物館と学習」　16
共通理解　220, 223
協働　220, 223
共用品推進機構　147
車いす　136, 141, 143, 145, 153, 156,
　163
現場体験　62, 64, 65, 66, 67, 69, 71,
　79, 86, 88
公教育　55, 56, 57
構成主義　26, 81, 87, 162
合理的配慮　126, 166, 167, 171
コーディネータ　78, 149
コード化　65, 79
国際標準化機構（ISO）　146
国際ユニヴァーサルデザイン宣言 2002
　135
国立民族学博物館（民博）　130,
　131, 139, 152, 169, 208, 209, 210, 212,
　213, 214, 215
コミュニケータ　20, 22
コメモラシオン　220, 227
「今後の社会の動向に対応した生涯学
　習の振興方策について」　12

さ行

さわれる資料を活用した博物館のユニ
　バーサルデザイン化事業　156
視覚障がい　131, 134, 136, 141, 142,
　145, 151, 153, 155, 156, 160, 161
視覚情報　141
色覚障がい　147
「色覚問題に関する指導の手引き」
　　　　　　　147
自己　35
自己効力感　84
自伝的記憶　34, 35
社会教育法　12
社会体験型科目　37, 38, 43
社会的交流　69
社会的包摂（ソーシャルインクルー
　ジョン）　162, 165, 166
主観的現実性　34, 35
熟睡プラ寝たリウム　234
生涯学習　12, 13, 15, 16, 17
生涯学習社会　12, 17, 18
生涯学習の振興のための施策の推進体
　制等の整備に関する法律　12
障害者基本計画　127
障害者基本法　126
障害者権利条約　126
障害者差別解消法　126, 171
障がいのあるアメリカ人法　148
情報提供端末　212, 213
情報展示「世界をさわる」　152
情報保障　127, 130, 141, 160, 161
触察　131, 153, 156
触常者　151, 152
触覚情報　141
触覚情報 – 触知図形の基本設計方法

145
シルバー天文大学　31, 233
水産科学館（北海道大学総合博物館分館）　175, 176, 179, 180, 185, 187
吹田市立博物館　130
全天トレイル　202
双方向　220, 223
宙ガール養成講座　233

た行

大学共同利用機関　209
「「対話と連携」の博物館：理解への対話・行動への連携」　17
「卓抜と均等：教育と博物館がもつ公共性の様相」　15
多言語音声ガイド　155
多目的トイレ　136, 156
ダルウィッチ美術館　164, 165
「誰にもやさしい博物館づくり事業　バリアフリーのために」　158
知覚鑑賞　129, 141
長期記憶　28, 29, 30
展示ガイド　216
電子ガイド　213
点字誘導ブロック　142, 153, 154, 155
天文ボランティア　230, 237
トランスクリプト　65, 79

な行

名古屋市科学館　28, 30, 31, 32, 34
名古屋市美術館　159
ナラティブ・レポート　27
南山大学人類学博物館　130, 131,

132, 134, 166
日本科学未来館　21
日本工業規格（JIS）　145
日本博物館協会　16, 157
人間工学－人とシステムとのインタラクション－第210部：対話型システムの人間中心設計　146

は行

博物館・図書館サービス機構（IMLS）　57
博物館映像学　174, 190, 196, 197, 198, 200, 203, 204, 205, 206
博物館教育学修士課程（MMEd）　58, 59, 60, 61, 62, 64, 66, 68, 79, 86, 88
「博物館の望ましい姿：市民とともに創る新時代博物館」　17
博物館法　12
浜松市ユニバーサルデザイン条例　135
バリアフリー　127, 135, 136, 142, 143, 144, 145, 149, 154, 156, 158
バリアフリー環境整備促進事業　144, 145
バリアフリー・コンフリクト　153, 156, 169
バリアフリー法　136, 144, 145
ハンズ・オン　11, 14, 60, 73, 129, 139, 141, 151, 152, 162, 163, 168
ピザ窯プロジェクト　224
美術館×インクルーシブ×デザイン実行委員会　158, 169
「分厚い」記述　27
フィールド・ベースの科学　27

福岡市市営地下鉄　154
福岡市博物館　131, 132, 133, 134, 155, 168
ブリティッシュ・コロンビア大学（UBC）　29, 53, 59, 62, 73, 75, 77
文化　220
文脈特性　31
ベビープラネタリウム　233
星の友の会　230, 234, 235, 236, 237
北海道大学総合博物館（北大総合博物館）　28, 36, 38, 48, 174, 176, 178, 179, 180, 182, 185, 186, 187
ボランティア　12, 13, 16, 21, 29, 30, 31, 74, 78, 128, 186, 230, 237, 238
ポンピドゥー・センター　159

ま行

マタニティ・リラクゼーション・プラネタリウム　233
宮崎県立西都原考古博物館　155
ミュージアム・アクセス・ビュー　159, 160
ミュージアム・エデュケータ　14, 55, 56, 57, 58, 60, 61, 62, 66, 71, 84, 88
ミュージアム体験　24, 26, 28, 29, 30, 35, 36, 48
ミュージアムマイスター認定コース　36, 37, 44, 48
みんなの美術館プロジェクト　158, 169

や行

ユニバーサルデザイン　125, 126, 127, 133-139, 141, 142, 143, 145, 153, 154, 155, 156, 162, 168, 171
ユニバーサルデザイン7原則　134
ユニバーサル都市・福岡　132
ユニバーサルミュージアム　125-139, 142, 145, 151, 161, 162, 166, 167, 168, 169
ユニバーサル・ミュージアム研究会　130, 151
ユニバーサルミュージアムマトリクス　139, 167, 170, 171
横浜市民ギャラリーあざみ野　158, 169
より多くの人が参加しやすい展示会ガイド　147

わ行

和歌山県立博物館　156

アルファベット

Everyone's Welcome: The Americans with Disabilities Act and Museums　148
IAUD　135
K-12　56, 57, 58, 72, 78, 82, 88

［編著者］

湯浅万紀子（ゆあさ・まきこ）

東京大学大学院人文社会系研究科博士後期課程修了
博士（文学）
現在　北海道大学総合博物館教授
主著　「大学博物館における教育プログラムの意義と課題：北海道大学
　　　ミュージアムマイスター認定コースを事例として」『日本ミュー
　　　ジアム・マネージメント学会研究紀要』（共著，vol.19，2015）
　　　『博物館体験に関する長期記憶研究に基づく新たな博物館評価の
　　　構築　研究成果報告書』（共著，北海道大学総合博物館，2012）
　　　「博物館体験の長期記憶研究の意義：サイエンス・コミュニケー
　　　ションのインパクトを探る」『科学教育研究』（vol.31，no.4，2007）

［執筆者］

David Anderson

Doctor of Philosophy, Queensland University of Technology
Professor, Department of Curriculum Studies, University of British
Columbia

Ji, J., Anderson, D., & Wu, X., (2016). Motivational factors in career
decisions made by Chinese science museum educators. *Adult
Education Quarterly*, 66(1), 21–38
Anderson, D. (2013). Recognizing the significance of the professional
museum educator in todays' museum institutions. *Journal of Japan
Museum Management Academy*, 17(1), 3–15.
Anderson, D. (2012). A reflective hermeneutic approach to research
methods investigating visitor learning. In D. Ash and L. Melber (Eds.)
Methodologies for Informal Learning. (pp.14–25). Rotterdam: Sense
Publishers.

平井　康之（ひらい・やすゆき）

英国王立芸術大学院博士前期課程修了
博士（芸術工学）
現在　九州大学大学院芸術工学研究院教授
主著　『インクルーシブデザイン：社会の課題を解決する参加型デザイ
　　　ン』（共編著，学芸出版社，2014）
　　　『知覚を刺激するミュージアム：見て，触って，感じる博物館の
　　　つくりかた』（共著，学芸出版社、2014）
　　　『デザイン教育のススメ：体験・実践型コミュニケーションを学
　　　ぶ』（共著，花書院，2012）

藤田　良治（ふじた・よしはる）
　　　筑波大学大学院図書館情報メディア研究科博士後期課程修了
　　博士（情報学）
　　　北海道大学総合博物館，北海道大学高等教育推進機構を経て，
　現在　愛知淑徳大学創造表現学部准教授
　主著　『学船　北海道大学　洋上のキャンパスおしょろ丸』（共著，中
　　　西出版，2014）
　　　『フィールド映像術』（100万人のフィールドワーカーシリーズ第
　　　15巻）（共著，古今書院，2015）
　　　「博物館映像学の研究の枠組み：学術映像標本を中心とした企画
　　　展示を事例として」『サイエンス映像学会誌』（共著，vol.1, pp1-
　　　8，2017）

［事例執筆者］

野林　厚志（のばやし・あつし）
　　　国立民族学博物館学術資源研究開発センター教授

三島美佐子（みしま・みさこ）
　　　九州大学総合研究博物館准教授

井上　毅（いのうえ・たけし）
　　　明石市立天文科学館館長

[企画編集委員]

水嶋　英治　（長崎歴史文化博物館館長）

水谷　長志　（跡見学園女子大学文学部教授）

田窪　直規　（近畿大学司書課程・学芸員課程教授）

田良島　哲　（東京国立博物館学芸企画部博物館情報課長）

若月　憲夫　（茨城大学人文社会科学部非常勤講師）

博物館情報学シリーズ…5

ミュージアム・コミュニケーションと教育活動

2018 年 5 月 31 日　初版第 1 刷発行

〈検印省略〉

編 著 者 ⓒ　湯　浅　万紀子

発 行 者　　大　塚　栄　一

発 行 所　株式会社　樹 村 房
　　　　　　　　　　JUSONBO

〒112‑0002
東京都文京区小石川 5‑11‑7
電　話　　　03‑3868‑7321
Ｆ Ａ Ｘ　　　03‑6801‑5202
振　替　　　00190‑3‑93169
http://www.jusonbo.co.jp/

組版・印刷・製本／倉敷印刷株式会社

ISBN978‑4‑88367‑279‑0　乱丁・落丁本は小社にてお取り替えいたします。